CATALOGUE

D'UNE COLLECTION

DE LIVRES

TRÈS-BIEN CONDITIONNÉS

DONT LA VENTE AURA LIEU

Le Jeudi 12 Avril 1860

ET LES DEUX JOURS SUIVANTS, A SEPT HEURES PRÉCISES DU SOIR

MAISON SILVESTRE

RUE DES BONS-ENFANTS, 28

Par le ministère de Mᵉ LEVAIGNEUR, Commissaire-Priseur,
Faubourg Montmartre, 10.

PARIS
AUGUSTE DURAND
LIBRAIRE DE LA BIBLIOTHÈQUE DE L'ORDRE DES AVOCATS, DE LA COUR IMPÉRIALE
RUE DES GRÈS, 7.

1860

CATALOGUE

D'UNE COLLECTION

DE LIVRES

TRÈS-BIEN CONDITIONNÉS.

ORDRE DES VACATIONS

1re VACATION. — Jeudi 12 avril 1860.
N° 1 à 174.

2e VACATION. — Vendredi 13 avril.
N° 175 à 343.

3e VACATION. — Samedi 14 avril.
Lots de bons ouvrages modernes. N° 344 à 418.

Il y aura chaque jour, de deux à trois heures, exposition des livres qui seront vendus le soir.

Les livres vendus devront être collationnés dans la salle de vente et dans les vingt-quatre heures de l'adjudication; passé ce délai, ou une fois sortis de la salle, ils ne seront repris pour aucune cause.

Les articles au-dessous de 12 francs ne seront repris pour aucun défaut, à moins qu'ils ne soient incomplets.

Cinq pour cent en sus des adjudications, applicables aux frais.

Le libraire chargé de la vente remplira les commissions qui lui seront adressées.

CATALOGUE

D'UNE COLLECTION

DE LIVRES

TRÈS-BIEN CONDITIONNÉS

DONT LA VENTE AURA LIEU

Le Jeudi 12 Avril 1860

ET LES DEUX JOURS SUIVANTS, A SEPT HEURES PRÉCISES DU SOIR

MAISON SILVESTRE

RUE DES BONS-ENFANTS, 28

Par le ministère de Me LEVAIGNEUR, Commissaire-Priseur,

Faubourg Montmartre, 10.

PARIS

AUGUSTE DURAND

LIBRAIRE DE LA BIBLIOTHÈQUE DE L'ORDRE DES AVOCATS, DE LA COUR IMPÉRIALE

RUE DES GRÈS, 7.

1860

CATALOGUE

D'UNE COLLECTION

DE LIVRES

TRÈS-BIEN CONDITIONNÉS

THÉOLOGIE. — PHILOSOPHIE.

1. Bibliorum sacrorum vulgatæ versionis editio, clero gallicano dicata. *Parisiis, F.-A. Didot*, 1785; gr. in-4, pap. vél. v. ant. fil. dent. tr. dor.

   Seulement le tome II.

2. Missel de Paris, lat. et franç., avec prime, tierce, etc. *Paris*, 1779; 8 vol. in-12. — Office de la quinzaine de Pâques, lat. et franç. 1828; in-12. — Livre d'église, lat. et franç., contenant nones, vêpres et complies. *Paris*, 1820; 2 vol. in-12. — L'office de la nuit, lat. et franç. *Paris*, 1774; — Les 12 vol. rel. en mar. bl. fil. tr. dor.

   Bel exemplaire relié par Bibolet.

3. De Imitatione Christi, lib. IV, recensuit J. Valart. *Paris., Barbou*, 1773; in-12, v. f. fil. tr. dor. (*Bibolet.*)

4. D. Bonaventure de forma benè vivendi. In-8, cart.

   Manuscrit exécuté à la fin du XVe siècle, sur papier. Écriture cursive nette et régulière, avec trois grandes lettres en or, et ornées d'arabesques en couleurs, et autres capitales en rouge.

   167 feuillets et une table au commencement.

5. Essai sur l'indifférence en matière de religion, par Lamennais. *Paris*, 1818 ; 4 vol. in-8, bas. — Réflexions sur l'état de l'Église en France pendant le XVIIIe siècle, par le même. *Ibid.*, 1821 ; in-8, bas.

6. Défense du christianisme, ou conférences sur la religion, par D. Frayssinous. *Paris*, 1825 ; 3 vol. in-8, d.-rel. v. br.

7. Dictionnaire des sciences philosophiques, par une société de professeurs de philosophie. *Paris, Hachette*, 1844-52, 6 vol. in-8, d.-rel. mar. r. (*Gruel.*)

8. Essais de Michel de Montaigne. Nouvelle édition (donnée par Eloi Johanneau). *Paris, Lefèvre*, 1818; 5 vol. in-8, portr., v. rac. fil.

9. Essais de Michel de Montaigne, avec des notes de tous les commentateurs. *Paris, Lefèvre*, 1834; gr. in-8, portr., v. ant. fil. (*Bauzonnet.*)

10. Choix des petits Traités de morale de Nicole, édition revue et corrigée, par Silv. de Sacy. *Paris, Techener*, 1857; in-16, br.

Exemplaire en papier de Hollande.

11. De la Sagesse, trois livres, par Charron. *Paris, Barrois*, 1784; 2 vol. in-12, mar. r. fil. tr. dor. (*Bauzonnet.*)

12. Œuvres complètes de Vauvenargues, précédées d'une notice sur sa vie et ses ouvrages par Suard, et accompagnées des notes de Voltaire, Morellet, Fortia, Suard. *Paris, Brière*, 1823; 3 vol. in-18, v. f. fil., tr. dor. (*Bauzonnet.*)

Joli exemplaire.

13. Discours du comte de Bussy Rabutin à ses enfans, sur le bon usage des adversitez, et les divers évènemens de sa vie. *Paris*, 1694 ; in-12, v. br.

14. Essai sur l'art d'être heureux, par J. Droz. 7e éd., précédée d'une notice, par Mignet. *Paris*, 1853; in-12, portr., mar. r. du Levant, tr. dor.

15. Fragments philosophiques, par V. Cousin. *Paris, Sautelet*, 1826; in-8, d.-rel. v. f. (*Bauzonnet.*)

16. Œuvres philosophiques, morales et politiques de Fr. Bacon, avec une notice biographique par J.-A.-C. Buchon. *Paris, Desrez*, 1836; gr. in-8, à 2 col., v. ant. fil. (*Bauzonnet.*)

17. Œuvres de Locke et Leibnitz. *Paris, F. Didot*; gr. in-8, à 2 col., d.-rel. mar. bl.

18. Delle influenze morali, opera di P. Schedoni. 3ª edizione, *Modena*, 1824 ; 3 vol. in-8, mar. r. fil. tr. dor.

19. Del merito e delle recompense, trattato storico e filosofico di M. Gioja. *Capolago*, 1833 ; 2 vol. in-8, d.-rel. v. f. dos et c.

20. Lettres sur l'éducation, par Mme Guizot. *Paris*, 1826 ; 2 vol. in-8, d.-rel. v. viol. — Lettres et entretiens sur l'éducation des filles, par Mme de Maintenon. *Paris, Charpentier*, 1854-55; 3 vol. in-12, br.

21. Nuovo Galateo di Melchiorre Gioja. *Lugano*, 1836; 2 vol. in-12, d.-rel. mar. bl.

22. De la démocratie en Amérique, par Alex. de Tocqueville. *Paris*, 1842 ; 4 vol. in-8, d.-rel. v. ant.

23. Système pénitentiaire aux Etats-Unis, et de son application en France, par G. de Beaumont et Alexis de Tocqueville. *Paris*, 1836 ; 2 vol. in-8, d.-rel. v. ant.

24. Histoire abrégée de la liberté individuelle chez les principaux peuples anciens et modernes, par L. Nigon de Berty. *Paris*, 1834 ; in-8, d.-rel. bas.

25. Des classes dangereuses de la population dans les grandes villes, et des moyens de les rendre meilleures, par H.-A. Frégier. *Paris*, 1840 ; 2 vol. in-8, d.-rel. mar. v.

26. De la prostitution dans la ville de Paris, considérée sous le rapport de l'hygiène publique, de la morale et de l'administration, par Parent-Duchatelet. *Paris*, 1836 ; 2 vol. in-8, d.-rel. v. f. (*Bauzonnet.*)

JURISPRUDENCE.

27. Justiniani institutionum libri IV, notis... illustrati, cura et studio. Arn. Vinnii. *Amstel., ex offic. Elzevir.*, 1658 ; in-12, mar. r. fil., tr. dor. (*Bauzonnet-Trautz.*)

28. Arn.-Joh. Corvini Digesta, per aphorismos strictim explicata. *Amster., ap. Lud. Elzevirium*, 1649 ; in-12, mar. v. fil. tr. dor. (*Bauzonnet-Trautz.*)

29. Capitularia regum Francorum, collegit Steph. Baluzius. *Parisiis*, 1677 ; 2 vol. in-fol., v. br.

30. Les Codes français collationnés sur le nouveau texte officiel, précédés de la Charte constitutionnelle, etc. *Paris, Ladrange*, 1835; in 8, à 2 col., d. rel. v. ant. (*Bauzonnet*.)

31. Corps du droit français, ou recueil complet de lois, décrets, ordonnances, arrêtés, etc, du conseil d'Etat, mis en ordre et annoté par Galisset, Légé et Davenne (de 1789 à 1844). *Paris*, 1829-45; 8 vol. in-8 — Les tom. I à V et la table générale de 1789 à 1824 reliés en 8 vol., demi v. br. (*Bibolet*); le reste broché.

Le commencement du tome VI et du tome VII manque.

32. Œuvres complètes de d'Aguesseau; nouv. édit., publiée par Pardessus. *Paris*, 1819; 16 vol. in-8, portr., d.-rel. v. ant.

33. Lettres inédites du chancelier d'Aguesseau, publiées par D.-B. Rives. *Paris, I. R.*, 1823; 2 vol. in-8, d.-rel. v. ant.

34. Histoire, actes et remontrances des parlements de France, Chambres des comptes, Cours des aides, et autres cours souveraines, depuis 1461 jusqu'a leur suppression, par Dufey. *Paris*, 1826; 2 vol. in-8, d.-rel. v. f. (*Bibolet*.)

35. Ta-Tsing-Leu-Lée, ou les lois fondamentales du code pénal de la Chine, trad. du chinois en anglais, par Staunton, mis en franç. par Renouard de Sainte-Croix. *Paris*, 1812; 2 vol. in-8, d.-rel. v. v.

36. Dictionnaire des travaux publics, civils, militaires et maritimes, considérés dans leurs rapports avec la législation, l'administration et la jurisprudence, par Tarbé de Vauxclairs. *Paris*, 1835; in-4, d.-rel. v. f.

SCIENCES ET ARTS.

37. Histoire naturelle, générale et particulière (par Buffon, Daubenton, Lacépède). *Paris, I. R.*, 1749-78; 19 vol. — Supplément, 1774-78; 5 vol. — En tout 24 vol. in-4, fig., v. m. fil.

Le tome V du Supplément est cart. n. rog.

38. Œuvres complètes de Buffon; édition revue par A. Richard. *Paris, Pourrat*, 1835; 20 vol. in-8, pap. vél. et 3 vol. de pl. color.; les 23 vol. d.-rel. v. r. (*Bibolet*.)

39. Œuvres d'histoire naturelle de Goëthe, trad. et annotées, par C.-F. Martins. *Paris*, 1837; in-8, d.-rel. v. bl., et atlas in f°, publ. par Turpin, cart.

40. Dictionnaire universel d'histoire naturelle, par Ch. d'Orbigny. *Paris*, 1841-46; t. I à VI, avec 6 liv. de pl. col.; les t. I et II, cart. n. rog., le reste en livr.

41. Histoire naturelle de l'homme, par Lacépède, précédée de son éloge histor.. par G. Cuvier. *Paris*, 1827; in-8, portr., d.-rel. v. br. (*Bauzonnet.*)

42. Eléments de zoologie, par H. Milne-Edwards. *Paris*, 1834; gr. in-8, fig., cart. n. rog.

43. Zoologie, par Milne-Edwards. *Paris*, in-12, fig., cart. — Botanique, par Adr. de Jussieu, 1845; in-12, fig., d.-rel. mar. v. — Minéralogie et Géologie, par Beudant. 1845; in-12, fig., d.-rel. m. n. — Cours complet de météorologie, par Kæmtz, trad par Ch. Martens. *Paris*, 1858; in-12, pl., d.-rel. v. viol.

44. Rœsel von Rosenhof. Der Insecten Belustigung. 3 vol. pet. in-4, v. gr. fil. tr. dor. (*anc. rel*).

Recueil de 299 planches parfaitement coloriées, représentant plus de 1,800 figures d'insectes.

45. Histoire naturelle des oiseaux-mouches, par R.-P. Lesson. *Paris* (1829); gr. in-8, avec 85 pl. color.; relié en 2 vol. — Histoire naturelle des colibris, suivie d'un supplément à l'hist. nat. des oiseaux-mouches, par le même. *Ibid.* (1831); gr. in-8, dos et c. de mar. r. — Les 4 vol. en d.-rel. fil. n. rog. (*Bauzonnet*).

Bel exemplaire.

46. Manuel d'ornithologie, par C.-J. Temminck. *Paris*, 1820; 2 vol. in-8, d.-rel. v. br. — Atlas des oiseaux d'Europe, pour servir de complément au Manuel d'ornithologie de Temminck, par Werner. *Paris*, 1828-30, livr. 1 à 20, et 22 et 23, in-8, fig. col.

47. Le règne animal distribué d'après son organisation, etc., par Cuvier et Latreille. *Paris*, *Déterville*, 1829-30; 5 vol. in-8, d.-rel. v. bl.

48. Dictionnaire de botanique pratique, par F. Hœfer. *Paris*, *Didot*, 1850; in-12, d.-rel. v. f.

49. Leçons de botanique, comprenant principalement la morphologie végétale, la botanique comparée, etc., par Aug. de Saint-Hilaire. *Paris*, 1841 ; gr. in-8, 24 pl., br.

50. Flore française, ou descriptions succinctes de toutes les plantes qui croissent naturellement en France; par de Lamarck et de Candolle. *Paris*, 1815 ; 6 vol. gr. in-8, d.-rel. v. ant., et pl. collées sur toile dans un étui.

51. La Nouvelle Maison rustique, par Bastien. *Paris*, 1805 ; 3 vol. in-4, d.-rel. v. v. — Maison rustique du XIXe siècle. *Paris*, 1836 ; 4 vol. gr. in-8, à 2 col., fig., d.-rel. v. viol.

52. Cosmos, essai d'une description physique du monde, par Al. de Humboldt, trad. par H. Faye et Ch. Galusky. *Paris*, 1846-48 ; tom. I et II, 2 vol. in-8, d.-rel. v. br.

53. Traité de chimie appliquée aux arts, par Dumas. *Paris*, *Béchet*, 1828-46; 8 vol. in-8, d.-rel. mar. v.

54. Bulletin de la Société géologique de France ; 1re série, 1830-43; 14 vol. in-8, en liv. — 2e série, 1843-59, tom. I à XVI, in-8, en numéros.

Manqq. : dans la première série, tome II, feuilles 12, 22 à 24 ; dans la deuxième série, les tables des tomes VII, X, XI.—Du tome XV, nous n'avons que quatre livraisons ; — du tome XVI, que les feuilles 1 à 59, jusqu'au 4 juillet 1859.

55. Manuel géologique, par Henry T. de la Bèche ; 2e édit. Traduct. française revue et publiée par A.-J.-M. Brochant de Villiers. *Paris*, 1833 ; in-8, fig., v. f. fil. (*Bauzonnet.*)

56. Le même ouvrage ; in-8. d.-rel. v. f.

57. Traité élémentaire de minéralogie, suivant les principes de Werner, par A.-J.-M. Brochant de Villiers. *Paris*, an IX ; 2 vol. in-8, v. f. fil. (*Bauzonnet-Trautz.*)

58. De la cristallisation considérée géométriquement et physiquement, par A.-J.-M. Brochant de Villiers. *Strasbourg*, 1819; in-8, avec pl., v. f. fil. (*Bauzonnet-Trautz.*)

59. Leçons de géologie pratique, par Elie de Beaumont; tom. I. *Paris*, 1845; in-8, d.-rel. v. f. — Essai d'une description du département de Seine-et-Marne, par de Senarmont. *Paris*, 1844; in-8, br.

60. Traité de géognosie, par d'Aubuisson de Voisins. *Strasbourg*, 1819; 2 vol. in-8, pl., cart., n. rog.

61. Mémoires pour servir à une description géologique de la France, rédigés sous la direction de M. Brochant de Villiers, par Dufrénoy et Elie de Beaumont. *Paris*, 1830-38; 4 vol. in-8, pl. col., br. — Carte hydrographique de la France, divisée en 21 grands bassins, dressée, au dépôt des ponts et chaussées, par V. Dubréna, 1828. (Nos 2, 4, 5, 6, 7), 5 feuilles collées sur toile, dans un étui.

62. Elie de Beaumont. Divers mémoires : Observations sur quelques terrains secondaires du système des Vosges. 1828, in-8, br. — Géologie de l'âge relatif des montagnes. 1830; in-8, br. — Emanations volcaniques et métallifères. 1847, in-8, br. — Phénomènes erratiques, 1847; in-8, br. — Sur les systèmes de montagnes les plus anciens de l'Europe. 1847; in-8, br. — Exploration géologique de l'Algérie, 1838; in-4, br. — Et trois autres mémoires in-8, br.

63. Gemmarum et lapidum historia, quam olim edidit Ans. Boetius de Boot; nunc vero recensuit... Adr. Toll. *Lugd. Bat.*, 1636; in-8, v. f.

64. Recherches sur les ossements fossiles, par G. Cuvier. Nouv. édit. entièrement refondue, etc. *Paris*, *Dufour*, 1828-24; 5 tom. en 7 vol. gr. in-4, avec pl., d.-rel. mar. bl.

65. Essai sur la géographie minéralogique des environs de Paris, par G. Cuvier et Al. Brongniart. *Paris*, 1811; in-4, pl., d.-rel. bas.

66. Histoire naturelle des crustacés fossiles, sous les rapports zoologiques et géologiques savoir : les Trilobites, par Al. Brongniart; les Crustacés proprement dits, par A.-G. Desmarets. *Paris*, 1822; in-4, avec pl., d.-rel. mar. bl.

67. Tables portatives de logarithmes, contenant les logarithmes des nombres, depuis 1 jusqu'à 108,000, par Callet. *Paris*, 1819; gr. in-8, d.-rel. v. ant.

68. Jo. Laur. Lydi de ostentis quæ supersunt, gr. et lat., edente C.-B. Hase. *Parisiis*, *e typ. reg.*, 1823; gr. in-8, v. rac. fil.

69. L'art de connaître les hommes par la physionomie, par G. Lavater. *Paris*, 1820; 10 vol. gr. in-8, fig., d.-rel. mar. viol., n. rog.

70. L'art de conserver la santé, composé par l'école de Salerne, avec la trad. en vers français (par Bruzen de La Martinière). *Paris*, 1749; in-12, v. m.

71. Hygiène de la digestion, suivie d'un nouveau dictionnaire des aliments, par P. Gaubert. *Paris*, gr. in-8, d.-rel. v. br.

72. De la femme, sous ses rapports physiologique, moral et littéraire, par Virey. *Paris*, 1825; in-8, d.-rel. v. br. (*Bauzonnet*.)

73. Œuvres complètes de Bernard Palissy, édit. conforme aux textes originaux imprimés du vivant de l'auteur, avec notes, par Paul-Ant. Cap. *Paris*, 1844; in-12, d.-rel. mar. viol.

74. Traité élémentaire de minéralogie, par F.-S. Beudant, 2e édit. *Paris*, *Verdière*, 1830; 2 vol. in-8, pl. col., d.-rel. bas.

---

75. Histoire de la peinture en Italie, depuis la renaissance des beaux-arts jusque vers la fin du XVIIIe siècle, par Lanzi, trad. de l'italien par Mme Armande Dieudé. *Paris*, 1824; 5 vol. in-8, d.-rel. v. ant.

76. Musée de peinture et de sculpture, ou recueil des principaux tableaux, statues et bas-reliefs des collections publiques et particulières de l'Europe, dessiné et gravé à l'eau-forte sur acier, par Réveil, avec des notes par Duchesne. *Paris*, 1828-34; 16 vol. in-12, fig., d.-rel. v. viol.

77. Collection de lettres de Nicolas Poussin. *Paris*, *F. Didot*, 1824; in-8, d.-rel. v. f. (*Bauzonnet-Trautz*.)

78. Projets de trente fontaines pour l'embellissement de la ville de Paris, par A.-L. Lusson. *Paris*, 1835; in-fol., avec 12 pl., d.-rel. mar. v. dos et c. fil.

79. Les hommes illustres et grands capitaines françois qui sont peints dans la galerie du Palais-Royal, ensemble un abrégé de leurs vies et actions mémorables; composez par De la Colombière; avec leurs portraits, armes et devises, dessignez et gravez par Heince et Bignon. *Paris*, *E. Loyson*, 1690; in-fol., 27 pl., v. m.

80. Iconographie instructive. Recueil de 100 portraits, avec notices histor. et littéraires. 2 vol. gr. in-8, d.-rel. mar. v., n. rog.

81. Recueil de quarante-sept gravures, publiées par *Furne*, pour les œuvres de Voltaire; gr. in-8, d.-rel. v. br. n. rogné. (*Bauzonnet.*)

82. Recueil de vingt-quatre gravures pour les œuvres de J.-J. Rousseau, d'après les dessins d'Alfred et de Tony Johannot, Desenne, etc.; — de plus, un *fac-simile* d'une lettre de J.-J. Rousseau au peintre Latour; 1 vol. gr. in-8, d.-rel. v. br., n. rog. (*Bauzonnet.*)

83. Trente vignettes et une carte publiées par *Furne*, pour les œuvres de Châteaubriand; 1 vol. gr. in-8, d.-rel. v. ant. (*Bauzonnet.*)

84. Études de femmes. Portraits d'actrices. Recueil de 34 pl. lith.; dessins de Dubufe et Grevedon; gr. in-fol., d.-rel. v. f., dos et c. fil., n. rog. (*Bauzonnet.*)

85. Incroyables et merveilleuses. Recueil de 34 pl. col., dessinées par Horace Vernet, gravées par Gatine; in-fol., d.-rel. v. ant. (*Bauzonnet.*)

86. Observations sur les modes et les usages de Paris, pour servir d'explication aux caricatures publiées sous le titre : Bon Genre, depuis le commencement du XIXe siècle. *Paris*, 1822; gr. in-4, 115 pl. color., d.-rel. v. ant. n. rog. (*Bauzonnet.*)

87. Les Contretems, en caricatures. Recueil de 24 pl. color., lithogr., par Villain. *Paris*, *Gide fils*, 1824; 2 part. in-4 obl., cart.

88. Synonymes en actions, composés et lithographiés par V. Adam. *Paris*, *Aubert*, *s. d.*; in-4, 24 pl., cart.

89. Les Français peints par eux-mêmes, texte par les sommités littéraires, dessins par Gavarni et H. Monnier. *Paris*, *Curmer*, 1840; 2 vol. gr. in-8, br. et en livraisons.

90. Rencontres parisiennes; macédoine pittoresque, croquée d'après nature, au sein des plaisirs, des modes, de l'activité, etc., par Henry Monnier. *Paris*, in-4 obl., 44 sujets color., cart.

91. Recueil de gravures sur divers sujets : paysages, caricatures ; lithographiées par Ch. Motte, Orschwiller, Gihaut, Villain, Frey, Ducarme, etc. ; 62 pl., dont 26 col., 1 vol., gr. in-4, d.-rel. v. f. dos et c., fil (*Bauzonnet.*)

92. Galerie de la presse, de la littérature et des beaux-arts. Directeur des dessins, Ch. Philippon. Rédacteur en chef, Louis Huart. *Paris*, 1839-41 ; 3 vol. in-4, fig., d. rel. mar. r. dos et c., n. rog. (*Bauzonnet-Trautz.*)

93. Métamorphoses du jour, ou les Hommes à têtes de bêtes, par J.-J. Grandville. *Paris*, *Aubert*, 1836 ; in-4 obl., 71 pl., d.-rel. mar. v.

---

94. Storia della musica, di Fr. Martini. *Bologna*, 1757-70 ; 2 vol. in-4, fig., parch.

Manque le tome III.

95. Essai sur la musique ancienne et moderne (par de La Borde). *Paris*, 1780 ; 4 vol. in-4, fig., v. f.

Bel exemplaire en reliure ancienne.

96. La poëtique de la musique, par le comte de Lacépède. *Paris*, 1785 ; 2 vol. in-8, v. f. fil. tr. d.

Très-bel exemplaire.

97. Recherches sur l'analogie de la musique avec les arts qui ont pour objet l'imitation du langage, par G.-A. Villoteau. *Paris*, *I. I.*, 1807 ; 3 vol. gr. in-8, dont un contenant les tableaux collés sur toile, d. rel. v. f. (*Bauzonnet.*)

98 Mémoires, ou Essais sur la musique, par Grétry. *Paris*, an v, 3 vol. in-8, d.-rel. v. ant. (*Bauzonnet.*)

99 La musique mise à la portée de tout le monde, par Fétis. *Paris*, 1834 ; in-12, d. v. br. — Histoire de la musique, par Stafford, trad. de l'anglais par Mme A. Fétis, avec notes, etc., par Fétis. *Ibid.*, 1832, in-12, d.-rel. v. f. — Curiosités historiques de la musique, par Fétis. *Paris*, 1830 ; 3 vol. in-8, d.-rel. v. ant.

100. Dictionnaire de musique moderne, par Castil-Blaze. *Paris*, 1825 ; 2 vol. in-8, d.-rel. v. ant. — Chapelle musique des rois de France, par le même. *Paris*, *Paulin*, 1832. — La danse et les ballets, depuis Bacchus jusqu'à Melle Taglioni, par le même. *Ibid.*, 1832 ; 2 t. en 1 vol. in-12, fig., d.-rel. v. bl.

101. Airs mis en musique pour diverses voix (basse-contre, haute-contre, ténor, dessus). *Paris, Ad. Le Roy et Ballard*, 1580 1610; — et *Caen, J. Mangeant*, 1593; 4 vol. in-16 obl., parch.

Ce recueil est très-rare.

Les quatre volumes dont il se compose contiennent les six parties suivantes: 1° Chansons de P. de Ronsard, Ph. Desportes et autres, mises en musique par N. de la Grotte, 1580; 2° Airs de plusieurs musiciens sur les poésies de Ph. Desportes, etc., réduiz à quatre parties par Le Blanc, 1582; 3° Airs mis en musique (à quatre parties), par Jehan Planson, 1593; 4° Airs de l'invention de G. D. C. sieur de la Tour, sur plusieurs poëmes saints et chrétiens, recueillis de divers auteurs, etc. *Caen*, 1593; 5° Airs à quatre, de différents auteurs, recueillis et mis ensemble par P. Ballard, 1606-10. 2 *parties*.

102. Anthologie françoise, ou chansons choisies depuis le XIIIe siècle jusqu'à présent (par Monnet), etc. *Paris*, 1765; 3 vol. in-8, fig. de Gravelot, airs notés, d.-rel. v. f.

103. Chansons de 1667 à 1689, pour servir à l'Histoire des mœurs sous Louis XIV. 1 vol. in-4, v. m.

Manuscrit avec les airs notés.

104. La clef du caveau, à l'usage de tous les chansonniers français, des amateurs, auteurs, acteurs du Vaudeville, etc., par Capelle, 2e édit. *Paris*, 1816; gr. in-16 obl., v. f. fil. tr. dor.

Bel exemplaire relié par Bauzonnet.

105. Les soirées de l'orchestre, par H. Berlioz. *Paris*, 1853; in-12, d.-rel. v. br. — Critique et littérature musicales, par P. Scudo. *Paris*, 1852, in-12, d.-rel. v. br.

106. Nuove inventione di Balli, opera di Ces. Negri. *Milano, Bordone*, 1604; in-fol., fig., v. br.

---

107. Essai sur les monuments typographiques de Jean Guttemberg, inventeur de l'Imprimerie, par G. Fischer. *Mayence*, an X; in-4, pl., v. br. fil. dent. à froid. (*Bauzonnet-Trautz*.)

108. Histoire pittoresque de l'équitation ancienne et moderne, par Ch. Aubry. *Paris, Ch. Motte*, 1834; gr. in-fol., 25 pl., d.-rel. v. ant. n. rog. (*Bauzonnet*.)

109. Les classiques de la table, à l'usage des praticiens et des gens du monde. *Paris*, 1844; in-8, fig., d.-rel. mar. br.

BELLES-LETTRES.

RHÉTORIQUE. — LINGUISTIQUE.

110. Essai sur l'éloquence de la chaire ; panégyriques, éloges et discours; par le cardinal Maury. *Paris*, 1827 ; 2 vol. in-8, d.-rel. v. viol.

111. Terentianus Maurus de litteris, syllabis, pedibus et metris, e recens. et cum notis Laur. Santenii, ed. D.-J. Van Lennep. *Traj. ad Rhen.*, 1825 ; in-4, d.-rel. bas.

112. Dictionnaire grec-français, par C. Alexandre, 6e édit. *Paris*, 1838 ; gr. in-8, d.-rel. mar. bl. (*Bauzonnet.*)

113. Dictionnaire grec-français, par Alexandre, 11e édit., 6e tirage. *Paris*, 1858; gr. in-8, cart. en toile. — Noël. Gradus ad Parnassum. *Paris*, 1826; gr. in-8, d.-rel. v. br.

114. Dictionnaire usuel de tous les verbes français, par Bescherelle. *Paris*, 1843 ; 2 vol in-8, d.-rel. v. f.

115. Grammaire de Napoléon Landais. Résumé général de toutes les grammaires françaises. *Paris*, 1835; gr. in-8 à 2 col , bas. rac.

116. Nouveau dictionnaire français-italien et italien-français, par Fr. d'Alberti de Villeneuve. *Milan*, 1834 ; 2 vol. gr. in-4, d. rel. v. br. (*Bibolet.*)

117. Nouveau Dictionnaire complet français-allemand et allemand-français, par Mozin et Biber. *Stuttgart* et *Tubingue*, 1826; 2 vol. gr. in-4, bas rac.

118. Mémoire sur le système grammatical des langues de quelques nations indiennes de l'Amérique du Nord, par Du Ponceau. *Paris*, 1838; in-8, d.-rel. v. viol.

119. Eléments de la grammaire chinoise, ou principes généraux du Kou-Wen ou style antique, par Abel Rémusat. *Paris, I.-R.*, 1822 ; gr. in-8, v. viol. rich. compart.

POÉSIE.

MÉLANGES. — POÈTES LATINS.

120. Choix de poésies, traduites du grec, du latin et de l'italien, par E. T. S. D. T. (Éd. Th. Simon de Troyes). *Londres* (*Éd. de Cazin*), 1786; 2 vol. in-18, v. f. fil. tr. dor. (*Bauzonnet.*)

121. Lucrèce. De la nature des choses, traduit en vers français, par Pongerville, texte en regard, etc. *Paris*, 1823; 2 vol. in-8, vél. bl. fil.

122. Œuvres de Virgile, traduites en françois, le texte vis-à-vis la traduction, avec des remarques, par l'abbé Des Fontaines. *Paris*, 1796; 4 vol. gr. in-8, fig. de Moreau, v. v. fil. dent. (*Bibolet.*)

123. L'Enéide de Virgile, trad. par Pongerville; — les Bucoliques et les Géorgiques, trad. par F. Collet (avec le texte). *Paris*, *Lefèvre*, 1850, 2 vol. in-12, d.-rel. v. br.

124. Q. Horatii Flacci opera omnia, ex recens. Jo.-Casp. Orellii. *Parisiis*, *Lefèvre*, 1851; in-12, v. f. fil. tr. dor.

Joli exemplaire sur papier de Hollande.

125. Traduction complète des poésies de Catulle, avec le texte en regard, suivi des poésies de Gallus, etc., par Fr. Noel. *Paris*, 1803, 2 vol. in-8, bas.

126. Juvenalis et Persii satyræ, cum veteris scholiastæ et varior. Commentariis, accurante Corn. Schrevelio. *Lugd.-Bat.*, *Fr. Hackius*, 1658; in-8, tit. gr., v. f. fil. tr. dor.

127. La Pharsale de Lucain, trad. en vers français, sur le texte latin de Grotius, comparé avec celui de Burmann, par Leperney. *Paris*, 1834; 2 vol. in-8, d.-rel. v. f. (*Bauzonnet-Trautz.*)

128. Æg. Menagii poëmata; quarta editio auctior et emendatior. *Amst.*, *ex offic. Elzevir.*, 1663; in-12, v. f. fil. tr. d. (*Bibolet.*)

On a relié dans le même volume: *Jani Bonefonii poematum libri II, edente N. Blancardo.* Lugd. Bat., 1655.

129. Jac. Vanierii prædium rusticum. *Parisiis*, *Barbou*, 1774, in-12, v. f. fil. tr. dor.

Joli exemplaire relié par Bibolet.

130. Fr. Jos. Desbillons. Fabulæ Æsopiæ. *Parisiis*, 1778; in-12, v. f. fil. tr. dor. (*Bibolet.*)

POETES FRANÇAIS.

131. Fabliaux ou contes, fables et romans du XIIe et du XIIIe siècle, traduits ou extraits par Le Grand d'Aussy. *Paris*, *Renouard*, 1829; 5 vol. gr. in-8, pap. vél., fig., d'après Moreau et Desenne, d.-rel. dos et c. de mar. v., n. rog. (*Bibolet.*)

132. Recueil de chants historiques français, depuis le XIIe jusqu'au XVIIIe siècle, avec des notices et une introduction, par Leroux de Lincy. *Paris*, 1841-42; 2 vol. in-12, br.

133. La chevalerie, ou les histoires du moyen âge, composées de la Table-Ronde, Amadis, Roland, poëmes sur les trois grandes familles de la chevalerie romanesque, par A. Creuzé de Lesser. *Paris*, 1839; gr. in-8, à 2 col., d.-rel. bas.

134. Les œuvres maistre Francoys Villon. Le monologue du franc archier de Baignollet. Le dyalogue des seigneurs du Malle paye et Baillevent. MDXXXIII. *On les vent à Paris à la rue neuf nostre Dame à l'enseigne de Lescu de France*, in-16, mar. bl. fil. tr. dor. (*Bauzonnet-Trautz.*)

Bel exemplaire de cette édition rare.

135. L'adolescence Clementine; aultrement, les œuvres de Clement Marot, faictes en son adolescence. Avec le residu despuis faict. Le tout selon sa dernière recognoissance. *Lyon, Francoys Juste*, 1536-37; 4 part. en 1 vol. in-16, fig. en bois, mar. r. fil. doublé de mar. r., tr. dor. (*Anc. rel.*)

Edition très-rare.

Le dernier feuillet de la deuxième partie (*Suite de l'Adolescence....*) est doublé.

Dans la dernière partie (*Recueil des œuvres de Cl. Marot*), quelques endroits ont été trop rognés à la marge du haut.

136. Poésies et lettres de Malherbe. *Paris, Blaise*, 1822; 2 vol. in-8, fig. et fac-simile, v. ant. fil. dent.

137. Œuvres de Boileau, collationnées sur les anciennes éditions et sur les manuscrits, avec des notes hist. et litt., etc., par Berriat-Saint-Prix. *Paris*, 1830; 4 vol. in-8, d.-rel. v. f. (*Bauzonnet-Trautz.*)

138. Odes de M. de La Motte. *Paris*, 1711; 2 vol. in-12, mar. r. tr. dor.

Ancienne reliure.

139. Poésies choisies de Fontenelle et La Motte. *Genève* (*éd. Cazin*), 1777; 2 t. en 1 vol. in-12, portr., v. bl. fil. tr. dor. (*Bauzonnet-Trautz.*)

140. Contes et poésies diverses de Voltaire. *Londres*, 1780; in-18, mar. v. fil. tr. dor.

141. Voyage de Chapelle et Bachaumont, etc. *Genève* (*éd. Cazin*), 1777; petit in-12, front. gr. par Marillier, v. v. fil. tr. dor. (*Bauzonnet-Trautz.*)

142. Les Saisons, poëme, par Saint-Lambert. *Paris, Froment*, 1825; in-16, 1 gr., v. f. fil. dent. à froid, tr. dor. (*Bibolet.*)

143. Œuvres de Malfilâtre, nouv. éd. accompagnée de notes et précédée d'une notice, par M. L*** (P. Lacroix). *Paris, Jehenne*, 1825; gr. in-8, mar. viol. fil. à compart., tr dor. (*Bibolet.*)

Bel exemplaire en grand papier vélin, avec un portrait gravé av la lettre.

144. Œuvres de J. Delille, avec les notes de Parseval-Grandmaison, de Féletz, de Choiseul-Gouffier, Aimé Martin, Descuret, etc. *Paris, Lefèvre*, 1833; gr. in-8, à 2 col., portr., v. ant. fil. (*Bauzonnet.*)

145. Lettres à Emilie sur la mythologie, par Demoustier. *Paris, Froment*, 1824; 3 vol in-32, fig., v. ant. fil. tr dor.

146. Poésies nouvelles d'Alf. de Musset, 1836-52. *Paris, Charpentier*, 1857; in-12, d.-rel. mar bl. — Poésies de Millevoye, avec une notice par Pongerville. *Ibid.*, 1840; in-12, br.

147. Messéniennes et poésies diverses, par Cas. Delavigne. *Paris, Ladvocat*, 1826; 2 t. en 1 vol. in-12, fig., d.-rel. mar. v. n. rog. (*Bibolet.*)

148. Œuvres complètes (œuvres poétiques) de Lamartine. *Paris, Gosselin*, 1834; 4 vol. gr. in-8, fig., d.-rel. dos et c. de v. bl. (*Bauzonnet.*)

POËTES ITALIENS ET AUTRES.

149. Dante con l'espositione di Bern. Daniello da Luca. *Venetia, Pietro da Fino*, 1568; in-4. de 6 ff. et 728 pp., mar. r. fil. tr. dor. (*Bauzonnet-Trautz.*)

Magnifique exemplaire de cette édition recherchée.

150. Il Petrarca con l'espositione d'Alessandro Vellutello e con molte altre utilissime cose in diversi luoghi di quella nuovamente da lui aggiunte. *Vinegia, Bernardino de Vidali*, 1528; in-4, mar. rouge, fil., tr. d. (*Bauzonnet-Trautz.*)

Bel exemplaire de cette édition rare. Au revers du titre, on a dessiné à la plume et colorié deux portraits de Pétrarque et de Laure.

151. Arcadia del Sannazaro. *Vinegia, nelle case d'Aldo romano,* 1514; in-8 de 90 ff., y compris l'ancre, mar. rouge. fil., tr. d. (*Bauzonnet-Trautz.*)

Bel exemplaire de ce livre rare. Grand de marges.

152. La Gerusalemme liberata di Torquato Tasso. *Parigi, Delalain,* 1776; 2 vol. in-12 portr. et titre gr., v. m., fil., tr. d.

153. Orlando furioso di L. Ariosto. *Parigi, Prault,* 1746; 4 vol. in-12, v. f. fil. tr. d. (*anc. rel.*).

154. La Coltivatione di Luigi Alamanni. *Fiorenza, appresso Bernardo di Giunta,* 1546; in-8, v. f. fil.

155. Le Poesie di Girolamo Preti. *Venetia, Gio. Batt. Brigna,* 1656; in-12, mar. rouge, fil., encadr., tr. d.

Joli exemplaire. Reliure ancienne.

156. Dubbj amorosi, altri dubbj, e sonetti lussuriosi di P. Aretino. *Roma, nella stamperia Vaticana,* 1792; in-8 de 68 pp., d.-rel., v. bl., dos et c., n. rog. (*Bauzonnet.*)

157. Recueil de poésies italiennes, 1778; pet. in-4, v. br., fil.

Manuscrit. — Une note en tête du volume dit que l'auteur de ces poésies est « il Baffo Patricio Veneziano, 1778. »

158. Filli di Sciro, favola pastorale del conte Guidubaldo de Bonarelli. *Parigi, Cazin,* 1786; in-12, v. f. fil. — Favole e novelle di L. Pignotti. *Ibid.,* 1786, in-12, v. f. fil. — Il Pastor fido, tragicom. pastor. del cav. Guarini. *Parigi,* 1766; in-12, vign. de Cochin., v. j. fil. tr. d. — Raccolta delle poesie giocose di Ant. Guadagnoli. *Firenze,* 1849; pet. in-12, d. mar. bl.

159. Poesie di P. Metastasio. *Parigi, Molini,* 1773; 8 vol. in-12, portr., v. éc. fil. tr. d.

160. Forget me not; a Christmas and new year's present for 1829, edited by Fr. Shoberl. *London,* in-12, jolies grav., couvert en moire, tr. d.

161. La Messiade, poëme en vingt chants, par Klopstock, trad. en franç. par la baronne de Carlowitz. *Paris, Charpentier,* 1840, in-12, d. rel. mar. bl.

ART DRAMATIQUE.

THÉATRE-FRANÇAIS.

162. Dictionnaire des théâtres de Paris (par les frères Parfaict et d'Abguerbe). *Paris*, 1767; 7 vol. in-12.—Histoire de l'ancien théâtre italien, depuis son origine en France jusqu'à sa suppression en 1697 (par les frères Parfaict). *Ibid.*, 1767, in-12. Les 8 vol., v. éc., fil.

163. Anecdotes dramatiques (par Clément et l'abbé Delaporte). *Paris*, 1775; 3 vol. pet. in-8, d.-rel. v. f.

164. Mémoires de Fleury, de la Comédie-Française (1757 à 1820). *Paris*, 1836; 6 vol. in-8, d.-rel. v. ant.

165. Cours de littérature dramatique, ou recueil par ordre de matières des feuilletons de Geoffroy. 2e éd. *Paris*, 1825, 6 vol. in-8, d.-rel. v. rose (*Bibolet.*)

166. De l'opéra en France, par Castil-Blaze. *Paris*, 1826; 2 vol. in-8, d.-rel. v. ant.

167. Œuvres de P. Corneille, avec le commentaire de Voltaire et les jugements de La Harpe. *Paris*, *Ladrange*, 1827, 12 vol. in-8, portr., d.-rel. v. ant. (*Bauzonnet.*)

168. Œuvres de Molière, avec des notes de divers commentateurs. *Paris*, *Lefèvre*, 1833; gr. in-8, à 2 col., v. br. fil. (*Bauzonnet.*)

169. Œuvres de Jean Racine, avec des commentaires, par J.-L. Geoffroy. *Paris*, 1808; 7 vol. in-8, fig., v. rac. fil.

170. Théâtre et poésies fugitives de Collin d Harleville. *Paris*, 1805; 4 vol. in-8, bas. fil.

171. Œuvres de L.-B. Picard. *Paris*, *Barba*, 1821; 10 vol. in-8. — Théâtre républicain, par le même, *Paris*, 1832; in-8. Les 11 vol. d.-rel. v. bl.

172. Comédies historiques. Nouvelle édition. *Paris*, 1827; in-8, d.-rel. v. r. —Comédies historiques, par Nép. Lemercier. *Ibid.*, 1828; in-8, d.-rel. v. r. — Œuvres de M. et Mme Favart; leur vie, par lord Pilgrimm. Mme Favart et le maréchal de Saxe, par L. Gozlan. *Paris*, 1853; in-12, d.-rel. v. f.

173. Proverbes dramatiques, par Théodore Leclercq. *Paris*, 1835-36; 8 vol. in-8, fig., d.-rel. v. br. (*Bauzonnet.*)

174. Les Barricades (mai 1588) ; la Mort de Henri III (août 1589); scènes historiques (par Vitet). *Paris*, 1829; 2 vol. in-8, d.-rel. v. ant. — La Jacquerie, scènes féodales, suivies de la Famille de Carvajal, drame (par Mérimée). *Paris*, 1828; in-8, d.-rel. v. ant.

THÉATRE ITALIEN.

175. Mémoires de Goldoni, pour servir à l'histoire de sa vie et à celle de son théâtre. *Paris, Ve Duchesne*, 1787; 3 vol. in-8, portr. gravé par Cochin, v. ant. fil., n. rog. (*Bauzonnet.*)

176. Meleagro, tragedia per musica, in tre atti, di Al. Pepoli; preceduta da una lettera del medesimo sul melodramma detto serio. *Venezia, Curti*, 1789; gr. in-8 d.-rel. dos et c. de mar. r., n. rog. (*Bauzonnet-Trautz.*)

Grand papier.

177. Collezione completa delle commedie di Carlo Goldoni. *Lucca*, 1809-12; 26 vol. in-18, d.-rel. v. r. (*Bibolet.*)

178. Commedie di Alb. Nota. *Milano*, 1826; 2 vol. in-12, portr., d.-rel. v. br. (*Bibolet.*)

179. Tragedie di Vittorio Alfieri. *Firenze*, 1803; 5 vol. pet. in-8, d.-rel. v. br. (*Bauzonnet.*)

180. Commedie scelte di Cam. Federici. *Torino*, 1831-34; 9 tom. en 3 vol. in-16, d.-rel. v. ant.

ROMANS, CONTES ET FACÉTIES.

AUTEURS GRECS ET LATINS.

181. Collection des romans grecs traduits en français, avec des notes, par Courier, Larcher et autres hellénistes, précédée d'un Essai sur les romans grecs, par Villemain. *Paris, Merlin*, 1822 et ann. suiv.; 12 vol. in-16, fig., v. rose, fil., tr. d. (*Bibolet.*)

182. Euphormionis Lusinini, sive Jo. Barclaii Satyricon, partes quinque cum clavi : accessit Conspiratio anglicana. *Lugd. Bat., apud Elzevirios*, 1637; in-12, v. f. fil. tr. d. (*Bibolet.*)

183. Jo. Barclaii Argenis, cum clave. *Lugd. Bat., ex offic. Elzevir.*, 1630; pet. in-12 de 690 pp. et 3 ff. de table, v. f., fil., tr. d. (*Bibolet*).

La plus belle des deux éditions publiées sous cette date. — Mouillures légères sur les premiers feuillets.

AUTEURS FRANÇAIS.

184. Histoire de Huon de Bordeaux, pair de France et duc de Guyenne, contenant ces (*sic*) faicts et actes heroïques, compris en deux livres; autant beau et recreatif discours que des long temps aye esté leu. *Lyon*, *Jean Huguetant*, 1626; 1 tom. en 2 vol. pet. in-8, v. f., fil. tr. d.

185. L'Hystoire et plaisante cronicque du petit Jehan de Saintré et de la jeune dame des Belles Cousines, publ. par J. Marie Guichard. *Paris*, 1843; in-12, d.-rel. mar. bl.

186. L'Heptaméron, ou histoire des amants fortunés, nouvelles de la reine Marguerite de Navarre, anc. texte publ. par Cl. Gruget en 1559, revu, etc., par le bibliophile Jacob (P. Lacroix). *Paris*, 1841, in-12, d.-rel. mar. v.

187. La Princesse de Clèves (par Mme de La Fayette). *Amst.*, *Abr. Wolfgang*, 1683; pet. in-12, d.-rel. v. f.

188. Histoire de Gil Blas de Santillane, par Le Sage. Vignettes par J. Gigoux. *Paris, Paulin*, 1835; gr. in-8, d.-rel. v. r. dos et c. (*Bauzonnet.*)

189. Le Sopha, conte moral (par Crébillon le fils). *Pékin*, 1764; in-12, d.-rel. v. viol. (*Bauzonnet.*)

190. Les Confessions du comte de ***, écrites par lui-même à un ami (par Duclos). *Amst.*, 1742; 2 tom. en 1 vol. in-12, v. m.

191. Histoire amoureuse des Gaules, par le comte de Bussy-Rabutin. *Paris*, 1829; 3 vol. in-8, d.-rel. v. viol.

192. L'Oreille, conte asiatique (par Mlle de Sommery). *Paris*, *Barrois l'aîné*, 1789; 3 tom. en 1 vol. in-12, v. rose, fil., tr. d. (*Bauzonnet.*)

193. Suite des Quatre Facardins et de Zeneyde, contes d'Hamilton, terminés par de Levis. *Paris*, *Renouard*, 1813; in-8, cart.

194. Œuvres de Sarrazin. *Paris*, 1847 ; in-12, d.-rel. mar. viol.

195. Les Voyages de Cyrus, avec un discours sur la théologie et la mythologie des païens, par de Ramsay (en français et en anglais). *Paris*, 1802; 2 vol. in-12, d.-rel. v. br. (*Bauzonnet.*)

196. Le comte de Valmont, ou les égarements de la raison (par l'abbé Gérard). *Paris*, 1807; 6 vol. in-8, fig. de Moreau, bas. rac.

197. Le Lys d'Israël, par Anna Marie. *Paris*, 1839; 2 vol. in-8, d.-rel. mar. r. — Les Filles du pêcheur, par Mme de Marivault. *Paris*, 1836, 2 tom. en 1 vol. in-8, d.-rel. v. viol. — Raphaël, par A. de Lamartine. *Bruxelles*, 1849; in-18, d.-rel. mar. r.

198. Romans de Ch. Nodier. *Paris*, 1843; in-12, d.-rel. m. v. — Marie, ou l'esclavage aux États-Unis, par G. de Beaumont. *Ibid.*, 1842; in-12, d.-rel. mar. bl. — G. Sand, Mauprat et Métella. *Ibid.*, 1852; in-12, cart. — Caroline de Lichtfield, par Mme de Montolieu. *Ibid.*, 1843 ; in-12, cart. — Les Contes de l'atelier, par M. Masson. *Ibid.*, 1843; 2 vol. in-12, cart.

199. De Mme de Bawr : Les Flavy. *Paris*, 1838; 4 t. en 2 vol. in-12, d.-v. br.; — Histoires fausses et vraies. 2 tom. en 1 vol. in-12, d.-v. br.;—Le Novice. 1830 ; 4 tom. en 2 vol. in-12, d.-v. br.

200. Colomba, suivi de la Mosaïque et autres contes et nouvelles, par P. Mérimée. *Paris*, 1842; in-12, d.-rel. mar. bl. —Chronique du temps de Charles IX, par Mérimée. *Paris*, 1829, in-8, d. v. ant.

201. Jérôme Paturot à la recherche d'une position sociale, par L. Reybaud. *Paris*, 1845; in 12, d.-rel. mar. bl. — Les derniers des Beaumanoir, ou la tour d'Helvin, par Kératry. *Paris*, 1843; in-12, d.-rel. mar. viol.

---

202. Œuvres de Rabelais, édition *variorum*, augmentée de pièces inédites, des Songes drolatiques de Pantagruel, ouvrage posthume, avec l'explication en regard; des notes

de Le Duchat, de Bernier, de Le Motteux, etc., etc.; et d'un nouveau commentaire historique et philologique, par Esmangeart et Eloi Johanneau. *Paris, Dalibon*, 1823-26; 9 vol. gr. in-8, fig., d.-rel. dos et c. de mar. citr., n. rog. (*Bibolet*).

Magnifique exemplaire en grand papier vélin, avec les portraits de Rabelais, les vignettes d'après Devéria doubles sur papier de Chine, et avant la lettre; et les figures drolatiques des Songes de Pantagruel.

203. Les Œuvres de Tabarin, avec les Adventures du capitaine Rodomont, la Farce des Bossus et autres pièces tabariniques; nouv. édit., préfaces et notes, par G. d'Harmonville. *Paris*, *Delahays*, 1858; in-12, front. gr. sur pap. de Chine, pap. vél., br.

204. Les Contes ou les nouvelles Récréations et joyeux devis de Bonaventure des Periers; avec un choix des anciennes notes de La Monnoye et de Sainte-Hyacinthe, revues par P.-L. Jacob, et une notice littéraire par Ch. Nodier. *Paris*, 1843; in-12, d.-rel. mar. v.

205. Le moyen de parvenir (par Béroalde de Verville), nouv. édit (publ. par Lenglet du Fresnoy, avec une dissertation de La Monnoye). *S. l.*, 1773; 2 vol. in-12, v. f., fil. tr. d. (*Bibolet*.)

206. Propos rustiques, baliverneries, contes et discours d'Eutrapel, par Noël Du Fail. Édition publiée par J. Marie Guichard. *Paris*, 1842; in-12, d.-rel. mar. v.

207. La Goualana, ou collection incomplette des œuvres prototypes d'un habitant de la ville de Cena (Caen), département du Salvocad (Calvados); par une société d'oisifs. Première et dernière édition. *De l'imprimerie de Carnaval aîné;* in-8 de 11 ff., d.-rel. mar. bl., dos et c. fil., n. rog. (*Bauzonnet*.)

208. Dictionnaire aristocratique, démocratique et mistigorieux de musique vocale et instrumentale..... Mis en ordre par Philàrmonialectryònoptékhéphàliokïngôovadibdïnn, publié en lanternois par K. Clédeçol, etc.; 1 vol. in-12, fig., d.-rel. v. r. (*Bauzonnet*.)

209. Le Grand Mistère, ou l'art de méditer sur la garde-robe, par Swift, trad. de l'anglois (par l'abbé Desfontaines). *La Haye*, 1729; in-12, v. br.

210. L'Art de désopiler la rate (par Panckoucke); nouv. édit. revue par Manoury. *Venise*, 1773; 2 vol. in-12, d.-rel. v. bl.

AUTEURS ANGLAIS, ALLEMANDS, ITALIENS.

211. The Adventures of Jos. Andrews and his friend Abr. Adams, by H. Fielding. *London*, 1822; in-12, v. bl., fil., tr. dor. (*Bibolet.*) — L'Étudiant, par E. L. Bulwer. *Paris*, 1835; 2 vol. in-8, d.-rel. v. bl.

212. Œuvres complètes de Walter Scott. *Paris*, *Gosselin*, 1828-29; 80 vol. in-18, fig., d.-rel. v. f. (*Bibolet.*)

213. Contes fantastiques de Hoffmann, trad. par P. Christian. *Paris*, 1843; in-12, d.-rel. mar. v.

214. Werther, par Gœthe, trad. par P. Leroux; suivi de Hermann et Dorothée, trad. par X. Marmier. *Paris, Charpentier*, 1843; in-12, d.-rel. mar. v. — Wilhelm Meister, par Gœthe; traduction complète et nouvelle par la baronne A. de Carlowitz. *Ibid.*, 1843; 2 vol. in-12, d.-rel. mar. v.

215. Il Decameron di Boccacci: testo Poggiali, ricorretto dal prof. A. Cerutti. *Parigi*, 1829; 5 vol. in-18, v. bl., fil., tr. dor. (*Bauzonnet.*)

216. Amore e Inganno, il Tappeto Nero, racconti due di D. Bertolotti. *Milano*, 1824; in-12, v. f. fil., tr. d. (*Bibolet.*) — Amore e i sepolcri del medesimo. *Milano*, 1824; 2 tom. en 1 vol. in-12, 1 gr. col., v. f. fil. tr. d. (*Bibolet.*)

217. Sibilla Odaleta, episodio delle guerre d'Italia alla fine del secolo XV, romanzo istorico. *Milano*, 1827; 2 vol. in-12, d.-rel. v. f. (*Bibolet*). — La fidanzata Ligure.... opera dell'autore della « Sibilla Odaleta. » *Ibid.*, 1828; 2 vol. in-12, d.-rel. v. f. (*Bibolet.*)

218. Marco Visconti, storia del Trecento, cavata dalle cronache di quel tempo e raccontata da T. Grossi. *Firenze*, *Le Monnier*, 1849; in-12, d.-rel. v. f. — La Monaca di Monza, storia del secolo XVII. *Parigi*, 1830; 2 vol. in-12, d.-rel. v. v. (*Bibolet.*)

219. Le avventure di Saffo, poetessa di Mitilene (di Al. Verri). *Milano*, 1808, in-16, v. viol., fil. tr. d. — Il Castello di Trezzo, novella storica di G. B. B. *Milano*, 1828; in-12, v. f., fil., tr. d. (*Bibolet.*)

220. I promessi sposi, storia milanese del secolo XVII, scoperta e rifatta da Al. Manzoni. *Torino*, 1827; 3 vol. in-12, d.-rel. v. bl. (*Bibolet.*)

PHILOLOGIE.

CRITIQUES. — SATIRES. — DIALOGUES. — PROVERBES. — LETTRES.

221. Lycée, ou cours de littérature ancienne et moderne, par La Harpe, précédé d'une notice sur sa vie et ses ouvrages par Saint-Surin. *Paris*, 1829; 16 vol. in-8, portr., d.-rel. v. ant. (*Bibolet*).

222. Mélanges de philosophie, d'histoire et de littérature, par de Féletz. *Paris*, 1828-30; 6 vol. in-8, d. rel. v. ant. (*Bauzonnet-Trautz.*)

223. Annales littéraires, ou choix chronologique des principaux articles de littérature insérés par Dussault dans le Journal des Débats, depuis 1800 jusqu'à 1817, recueillis et publiés par Eckard. *Paris*, 1818-24; 5 vol. in-8, d.-rel. v. rose (*Bibolet*).

224. Écrivains et poëtes de l'Allemagne, par H. Blaze. *Paris*, 1846; in-12, d.-rel. mar. viol. — La Grèce, Rome et Dante. études littéraires d'après nature, par J.-J. Ampère. *Paris*, 1848; in-12, d.-rel. mar. r.

225. T. Petronii satyricon cum fragmento nuper Tragurii reperto; accedd. diversor. poetarum lusus in Priapum, etc., omnia commentariis et notis doctor. viror. illustrata, concinnante Mich. Hadrianide. *Amstel.*, *Blaeu*, 1669-1671, 2 p. en 1 vol. in-8, v. f., fil.

Bel exemplaire. Frontispice gravé par Romyn de Hooghe.

Toutes les parties annoncées par Brunet se trouvent dans ce volume. Le *Fragment* est de la deuxième édition, laquelle est plus complète que la première.

226. Erasmi colloquia familiaria, ex recens. et cum notis P. Rabi. *Ulmæ*, 1712; in-8, v. m.

227. Gli dilettevoli Dialogi, le vere narrationi : le facete epistole di Luciano, di greco in vulgare novamente tradotte e historiate. *Vinegia, Bernardin Bindon*, 1543; in-8, fig., mar. r., fil. tr. d.

Ancienne reliure. Les armoiries qui étaient sur les plats ont été enlevées.

228. Proverbes inédits de Mme de Maintenon, publ. par Monmerqué. *Paris, Blaise*, 1829; in-18, d.-rel. v. r.

229. Le Livre des proverbes français, par Le Roux de Lincy. *Paris*, 1842; 2 vol. in-12, d.-rel. mar. v.

---

230. Lettres inédites de Marc-Aurèle et de Fronton, retrouvées sur les palimpsestes de Milan et de Rome; traduites avec le texte latin en regard et des notes, par A. Cassan. *Paris*, 1830; 2 vol. in-8, d.-rel. mar. viol.

231. Lettres de Mme de Sévigné, de sa famille et de ses amis (publiées par Monmerqué). *Paris, Blaise*, 1818; 10 vol. in-8, fig. — Mémoires de Coulanges, suivis de lettres inédites de Mme de Sévigné, etc., publ par Monmerqué. *Ibid.*, 1820; 1 vol. in-8.—Les 11 vol., cart. n. rog.

POLYGRAPHIE. — COLLECTIONS.

232. Les Œuvres de Plutarque, traduites du grec par Amyot, avec des notes et des observations, par Brotier et Vauvilliers. Nouvelle édition, par E. Clavier. *Paris, Cussac*, 1801 à 1805 ; 25 vol. gr. in-8, fig., d.-rel., dos et c. de v. f. (*Bauzonnet-Trautz.*)

Bel exemplaire.

233. Scriptores latini principes, recensuit et edidit J. A. Amar. *Parisiis, Lefèvre*, 1821 et ann. suiv.; 45 vol. in-32, pap. vél., v. ant. fil. dent. à froid, tr. dor.

Bel exemplaire. La collection est ainsi composée :

Catulle, 1 v.;—Cicéron, 18 v.;—Cornélius Népos, 1 v.;—Florus, 1 v.;—Horace, 1 v.;—Juvénal et Perse, 1 v.;—Lucain, 2 v.;—Lucrèce, 1 v.;—Ovide, 5 v.; — Phèdre, 1 v.; — Pline, 2 v.;—Properce, 1 v.; — Salluste, 1 v.; — Tacite, 5 v.;—Térence, 2 v.;—Virgile, 2 v.

234. Bibliothèque classique latine, ou collection des auteurs classiques latins, publiée par N.-E. Lemaire. *Paris*, 1819 et années suivantes ; 143 vol. in-8, y compris l'index, cart., dos de toile, n. rog.

235. Bibliothèque latine-française, publiée par Panckoucke. 135 vol. in-8, cart. n. rog. — Iconographie de la Bibliothèque latine-française. *Paris, Panckoucke*, 1839; gr. in-8. cart. n. rog. — Paléographie des classiques latins, publ. par Champollion. *Ibid.*, 1839; gr. in-4, cart. n. rog.

236. Œuvres complètes de Cicéron, traduites en français, avec le texte en regard. Édition publiée par Vict. Le Clerc. *Paris, Lefèvre*, 1825; 30 vol. in-8, d.-rel. v. r. (*Bibolet.*)

237. Les Œuvres de Coffin, ancien recteur de l'Université, etc. *Paris*, 1755; 2 vol. in-12, v. f. fil. tr. dor. (*Bibolet.*)

238. Collection de classiques français, publ. par L. de Bure. *Paris*, 1822 et ann. suiv. ; 90 vol. in-16, mar. bl. fil. tr. dor. (*Bibolet.*)

Magnifique exemplaire. — Notre collection se compose des auteurs suivants :

Boileau, — Bossuet, — P. et Th Corneille, — Destouches, — Ducis, — Fénelon, — Fléchier, — Gilbert, — Gresset, — Hamilton, — La Bruyère, — La Fontaine, — La Rochefoucauld, — Le Sage, — Malherbe, — Massillon, — Molière, — Montesquieu, — Pascal, — J. et L. Racine, — Regnard, — Saint-Lambert, — Saint-Réal, — J.-B. Rousseau, — Voltaire.

239. Œuvres de Bl. Pascal. *Paris, Lefèvre*, 1819; 5 vol. in-8, v. rac. fil. (*Rare.*)

240. Recueil de divers traitez (avis à un jeune Athénien, trad. du grec par Planterose; divers passages d'Horace, trad. par divers, etc.). *Amsterdam, R. Leers*, 1734 ; in-8, fig., quelques-unes remontées, mar. v. doublé de mar. rouge et de tabis, dent., tr. dor.

Les morceaux qui composent ce recueil sont dédiés à Mme Marie Catherine de Planterose, dont les armoiries sont gravées sur les plats du volume et aussi sur les gardes. Un portrait de Mme de Planterose se trouve également à l'entrée du volume.

241. Œuvres de Montesquieu. Nouvelle édition, contenant l'éloge de Montesquieu, par Villemain, les notes d'Helvétius, etc. *Paris, Lequien*, 1819; 8 tom. en 4 vol. in-8, portr., d.-rel. v. r. (*Bibolet.*)

242. Les mêmes Œuvres. *Paris, F. Didot*, 1837, 1 vol. in-8, à 2 col., rel. en 2 part., dem.-bas.

243. Œuvres de Rivarol. Études sur sa vie et son esprit, par Sainte-Beuve, A. Houssaye, A. Malitourne. *Paris*, 1852; gr. in-12, portr., d.-rel. v. f.

244. Œuvres complètes de Rollin. Nouvelle édition, publiée par F. Guizot. *Paris, Lequien*, 1821-26; 30 vol. in-8, d.-rel. v. br. (*Bibolet.*)

245. Œuvres de l'abbé de Saint-Réal. *Amsterdam*, 1740; 6 vol. in-12, fig., mar. bl. fil. dent., tr. dor. (*Bozérian.*)

Bel exemplaire.

246. Œuvres complètes de M. d'Arnaud. *Amst.*, 1773; 2 vol. in-12, v. m.

247. Œuvres complètes de Marmontel. *Paris, A. Costes*, 1819; 18 vol. in-12, d.-rel. v. f. (*Bauzonnet.*)

248. Œuvres de Bernardin de Saint-Pierre, mises en ordre par L. Aimé Martin. *Paris, Ledentu*, 1840; 2 vol. gr. in-8, à 2 col., d.-rel. mar. rouge.

249. Œuvres de J.-B. Hoffmann. *Paris*, 1829; 10 vol. in-8; d.-rel. v. f. (*Bauzonnet-Trautz.*)

250. Œuvres complètes de Mme de Staël-Holstein. *Paris, F. Didot*, 1836; 3 tom. en 2 vol. gr. in-8, à 2 col., portr., v. ant. fil. (*Bauzonnet.*)

251. Œuvres complètes de Chateaubriand. *Paris, Ladvocat*, 1826-31; 28 tom. en 31 vol. in-8, d.-rel. v. ant. (*Bibolet.*)

252. Œuvres complètes de E.-F. de Lantier. Nouv. édit., publiée par P.-J. Charrin. *Paris, Arthus-Bertrand*, 1836; gr. in-8 à 2 col., d.-rel., v. f. (*Bauzonnet-Trautz.*)

253. Œuvres complètes d'Ancelot, précédées d'une notice sur sa vie et ses ouvrages, par Saintine. *Paris*, 1855; gr. in-8, à 2 col., d.-rel. v. br. — Nouveaux mélanges historiques et littéraires, par Villemain. *Paris*, 1827; 2 vol. in-18, d.-rel. v. f.

254. Opere di Nic. Macchiavelli, coll' aggiunta delle inedite. *Parigi, Prault*, 1768; 8 vol. in-12, portr. et les titr. gr., v. ant., fil. (*Bauzonnet-Trautz.*)

255. Opere complete di Silvio Pellico, con le addizioni di P. Maroncelli. *Napoli*, 1848; gr. in-8, v. f. fil., tr. dor.
Très-bel exemplaire.

256. Goethe's Werke. *Stuttgart* und *Tubingen*. 1815-19; 20 vol. in-8, d.-rel. v. ant. (*Bauzonnet-Trautz.*)

HISTOIRE.

GÉOGRAPHIE ET VOYAGES.

257. Abrégé élémentaire de géographie physique, par le comte O'Hier de Grandpré. *Paris, F. Didot*, 1825; 2 part. en 1 vol. in-8, pl., d.-rel. mar. bl.

258. Abrégé de géographie, par Ad. Balbi. *Paris, Renouard*, 1833, gr. in-8, cart., n. rog.

259. Dictionnaire classique et universel de géographie moderne, par H. Langlois. *Paris*, 1830; 2 tom. en 4 vol. gr. in-8, d.-rel. v. ant.

260. Atlas universel de géographie physique, ancienne et moderne, dressé par A. H. Brué. Nouvelle édition, revue et augmentée par Ch. Picquet. *Paris, Picquet;* gr. in-fol. de 65 feuilles, d.-rel. v. br.

261. Atlas de géographie. Recueil de 12 cartes gravéés par Brué. *Paris*, 1821; *Munich;* gr. in-fol. cart.

262. Cartes géographiques et géologiques, collées sur toile dans des étuis. 28 pièces.

263. Atlas d'Allemagne. Recueil de 89 cartes color., dressées par divers géographes dans le cours du XVIIIe siècle (*par Robert de Vaugondy, Jailliot, Beaurain, Müller, etc.*). 1 vol. très gr. in-fol., v. m.

264. Bibliothèque géographique et instructive des jeunes gens, ou recueil de voyages intéressants dans toutes les parties du monde, par Campe; trad. de l'allemand; 6 années. *Paris, Dufour*, 1804-07; 72 tom. en 35 vol., fig., etc., in 18, v. ant., fil.

265. Guide du voyageur dans Arles, renfermant l'indication de la plupart des produits naturels de son territoire et la description de ses monuments.... par L. Jacquemin. *Arles*, 1835; in 8, d.-rel. v. ant. (*Bauzonnet.*)

266. Voyage dans les treize cantons suisses, les Grisons, le Valais, etc., par F. Robert. *Paris*, 1789; 2 vol. in-8, d.-rel. v. br.

267. Manuel du voyageur en Suisse, par J. G. Ebel, trad. de l'allemand. *Zurich*, 1817-18; 3 vol. in-8., fig. et cart. col., d.-rel. v. ant. — Lettres écrites sur la Suisse, par Raoul-Rochette. *Paris*, 1823-26; 3 vol. in-8, fig., d.-rel. v. ant.

268. Impressions de voyage, par Al. Dumas. *Paris*, 1842; 2 vol. in-12, d.-rel. mar. bl.

269. Voyages dans les Deux-Siciles et dans quelques parties des Apennins, par Spallanzani; trad. de l'italien par Toscan, avec notes de Faujas de Saint-Fond. *Hambourg*, 1799; 6 tom. en 3 vol. in-8, fig., d.-rel. v. viol.

270. L'Italie, par lady Morgan; traduit de l'anglais. *Paris*, 1821; 4 vol. in-8, d.-rel. v. ant.

271. Souvenirs de la Sicile, par le comte de Forbin. *Paris*, *I. R.*, 1823; gr. in 8, 1 gr., d.-rel. v. bl. (*Bibolet.*)

272. Voyage en Sardaigne, de 1818 à 1825, par Alb. de la Marmora. *Paris*, 1826; in-8, fig. col., d.-rel. v. f. (*Bauzonnet.*)

273. Voyage de la Grèce, par Pouqueville, 2e édit. *Paris*, *F. Didot*, 1826; 6 vol. in-8, fig. et cart., d.-rel. v. bl. (*Bibolet.*)

274. Six mois en Russie, lettres écrites à Saintines, en 1826, par Ancelot. *Paris*, 1827; in 8, d.-rel. v. ant.

275. Voyages très-curieux faits en Moscovie, Tartarie et Perse, par Oléarius; trad. en franç. par Abr. de Wicquefort. *Amst.*, 1727; 2 tom. en 1 vol. in-fol., fig., v. m. — Voyages faits de Perse aux Indes Orientales par Mandelslo, mis en ordre et publiés par Oléarius, et trad. en franç. par de Wicquefort. *Ibid.*, 1727; 2 tom. en 1 vol. in-fol., fig., v. m.

276. Correspondance d'Orient (1830-31), par Michaud et Poujoulat. *Paris*, 1833-35; 7 vol. in-8, d.-rel. v. f.

277. Voyage dans l'Asie-Mineure, en Mésopotamie, à Palmyre, en Syrie, etc., par B. Poujoulat. *Paris*, 1840-41; 2 vol. in-8, d.-rel. v. f.

278. Voyage dans l'Amérique méridionale, exécuté dans le cours des années 1826 à 1833, par Alcide D'Orbigny. *Paris, P. Bertrand*, 1834 et ann. suiv.; 66 livraisons gr. in-4, fig. en partie noires et color.

HISTOIRE ANCIENNE. — HISTOIRE DES RELIGIONS.

279. Histoire romaine, depuis la fondation de Rome, par Catrou et Rouillé. *Paris*, 1725-37; 20 vol. in-4, fig, v. br.

280. Jo. Laur. Lydi de magistratibus reipublicæ romanæ lib. III, gr. et lat., edidit J. D. Fuss; præfatus est C. B. Hase. *Parisiis*, 1812; gr. in-8, v. rac. fil.

281. Œuvres complètes de Tacite, traduction nouvelle, avec le texte en regard, des variantes et des notes, par J.-L. Burnouf. *Paris*, 1833; 6 vol. in 8, d.-rel. v. f. dos et c.
Bel exemplaire.

282. Tacite, traduction nouvelle, avec le texte latin en regard, par Dureau de La Malle. *Paris, Michaud*, 1818; 6 vol. in-8, v gr. fil.

283. Histoire des empereurs romains, par Crevier. *Paris*, 1749; 12 vol. in-12, v. m. — Hist. des douze Césars, trad. du lat. de Suétone par Maurice Levesque. *Paris*, 1808; 2 vol. in-8, bas.

284. Hist. de la décadence et de la chute de l'empire romain, traduite de l'anglais d'Ed. Gibbon (par Le Clerc des Sept-Chênes, Demeunier, etc.). Nouvelle édition, revue et corrigée, etc., par Guizot. *Paris, Ledentu*, 1828; 13 vol. in-8, d.-rel. v. ant. (*Bauzonnet.*)

285. Voyage d'Anacharsis en Grèce, par J.-J. Barthélemy. *Paris, Lequien*, 1822-24; 7 vol. in-8 et atlas in-4 obl., d.-rel. mar. viol., non rog. (*Bibolet.*)

286. Histoire du Bas-Empire, depuis l'avénement de Constantin le Grand jusqu'à la prise de Constantinople par Mahomet II (par Mme d'Avenas). *Paris*, 1838; 2 vol. in-8, d.-rel. v. br. (*Bauzonnet.*)

---

287. Hist. des Juifs, par Flavius Josèphe; trad. par Arnauld d'Andilly. *Paris*, 1667; 2 vol. in-fol., v. m.

288. Mœurs des israélites et des chrétiens, par l'abbé Fleury. *Lyon*, 1810; in-8, v. viol. fil. dent., compart., tr. dor.

289. Sulpitii Severi opera omnia quæ extant. *Amst., ex offic. Elzevir.*, 1656; in-12, v. f. fil., tr. dor. (*Bibolet.*)

290. Histoire des croisades, par Michaud. 6ᵉ édit., précédée d'une Vie de Michaud, par Poujoulat. *Paris, Furne*, 1841; 6 vol. in-8, fig., d.-rel. v. f.

291. Historia della guerra sacra di Gierusalemme, della terra di Promissione, e quasi di tutta la Soria recuperata da' christiani, raccolta in XXIII libri da Guglielmo, arcivescovo di Tiro; tradotta in lingua italiana da Giov. Horologgi. *Venetia*, 1562; in-4, d.-rel.

292. L'Alcoran des cordeliers, tant en latin qu'en françois (par Conr. Badius). *Amsterd.*, 1734; 2 vol. in-12, fig. de B. Picart, v. f. fil., tr. dor. (*Bibolet.*)

Joli exemplaire auquel on a joint, dans le deuxième volume : Légende dorée, ou sommaire de l'Histoire des Frères mendians de l'ordre de saint François (par Nic. Vignier). *Amst.*, 1734.

293. Histoire civile, religieuse et littéraire de l'abbaye de la Trappe, etc., par L. D. B. *Paris*, 1824; in-8, d.-rel. v. br. (*Bauzonnet-Trautz.*)

294. L'Église schismatique russe, d'après les relations récentes du prétendu Saint-Synode, par le P. Theiner; traduit de l'italien par Mgr Luquet. *Paris*, 1846; in-8, d.-rel. v. br.

HISTOIRE MODERNE.

Généralités. — Histoire de France.

295. Annuaire historique universel, publié par C. L. Lesur. Années 1818 à 1843, 1845 à 1852. *Paris*, 1825-1854; en tout 34 vol. in-8. — Les années 1818-43 en d.-rel. v. f. (*Bauzonnet*), les autres brochées.

296. Anquetil : Précis de l'histoire universelle. *Paris, Janet et Cotelle*, 1818; 8 v. in-8. — Histoire de France. *Ibid.*, 1818; 13 vol. in-8. — Esprit de la Ligue. *Ibid.*, 1818; 2 vol. in-8. — L'Intrigue du cabinet. *Ibid.*, 1818; 2 vol. in-8. — Louis XIV et le régent. *Ibid.*, 1818, 2 vol. in-8. — Les 27 vol., v. rac. fil.

297. Les Monuments de la monarchie françoise, avec les figures de chaque règne, que l'injure du temps a épargnées, par Bern. de Montfaucon (en franç. et en lat.). *Paris*, 1729-33, 5 vol. in-fol., fig., v. m.

298. Collection d'ouvrages publiés par la Société de l'Histoire de France. 53 vol. gr. in-8 br.

Procès de Jeanne d'Arc, 5 vol.
Richer. Hist. de son temps, 2 vol.
Registres de l'hôtel de ville, 3 vol.
Mém. de Colig. y Saligny, 1 vol.
Vie de saint Louis, par Lenain de Tillemont, 6 vol.
Bibliographie des Mazarinades, 3 vol.
Choix de Mazarinades, 2 vol.
Orderic Vital, 5 vol.
Chronique de Guillaume de Nangis, 2 vol.
Anciennes chroniques d'Angleterre, t. I.
Mémoires de Daniel de Cosnac, 2 vol.
— de Mathieu Molé, 4 vol.
Journal d'un Bourgeois de Paris, 1 vol.
Grég. de Tours. Livres des miracles, t. I.
Miracles de saint Benoît, 1 vol.
Chroniques d'Anjou, t. I.
Chronique de Montrelet. 2 vol.
Journal de Barbier, 4 vol.
Basin. Hist. de Charles VII et de Louis XI, 3 vol.
Mém. de Commines, 3 vol.
Argenterie des rois de France, 1 vol.

299. Annuaire historique, publié par la Société de l'Histoire de France. Années 1844-46, 1848 à 1858. En tout 14 vol. in-18 br. — Divers numéros du Bulletin de la Société.

300. Collection complète des Mémoires relatifs à l'histoire de France, depuis le règne de Philippe-Auguste jusqu'au commencement du XVIIe siècle; publ. par Petitot. *Paris, Foucault*, 1824 et années suivantes; 52 vol. in-8. — Le même ouvrage (2e série), depuis l'avénement de Henri IV jusqu'à la paix de Paris, conclue en 1763; publ. par Petitot et Monmerqué. *Ibid.*, 1820-29; 79 vol. in-8, y compris le 21e bis. — Les 131 vol., en d.-rel. v. ant. (*Bibolet.*)

Bel exemplaire.

301. Histoire de France, par Mézeray. *Paris*, 1839; gr. in-8, à 2 col., d.-rel. v. f. (*Bauzonnet-Trautz.*)

302. Histoire de Charlemagne, par Gaillard. *Paris*, *Foucault*, 1819; 2 vol. in-8, d.-rel. v. br. (*Bibolet.*)

303. Histoire de la rivalité de la France et de l'Angleterre, par Gaillard. *Paris*, *Blaise*, 1818; 6 vol. in 8, d.-rel. v. f. (*Bibolet.*)

304. La Guerre des paysans, par Al. Weill. *Paris*, 1847; in-12, d.-rel. mar. v.

305. Jacques Cœur, commerçant, maître des monnaies, argentier du roi Charles VII et négociateur; par le baron Trouvé. *Paris*, 1840; in-8, portr., d.-rel. v. ant.

306. Histoire de François Ier, par Gaillard. *Paris*, *Foucault*, 1819; 5 vol. in-8, d.-rel. v. br. (*Bibolet.*)

307. Historia delle guerre civili di Francia, di Henrico Caterino Davila. *Venetia*, 1642; in-4, v. br.

308. Satyre Ménippée de la vertu du catholicon d'Espagne et de la tenue des états de Paris; augmentée de notes tirées des éditions de Dupuy et de Le Duchat, par V. Verger; et d'un commentaire histor., litt. et philosoph. par Ch. Nodier. *Paris*, *Delangle* et *Lalibon*, 1824; 2 vol. gr. in-8, pap. vél., d.-rel. cuir de Russie, dos et c., n. rog. (*Bibolet.*)

Exemplaire avec les figures sur papier de Chine.

309. Madame de Longueville pendant la Fronde (1651-53); publ. par V. Cousin. *Paris*, *Didier*, 1859; in-8, br.

310. Madame de Chevreuse, par V. Cousin. *Paris*, *Didier*, 1856; in-8, portr., br.

311. Les Confessions de Mme de La Vallière repentante, écrites par elle-même et corrigées par Bossuet, avec un commentaire hist. et litt., par Romain Cornut. *Paris*, 1857; in-12, d.-rel. mar. r.

312. Mémoires de Fléchier sur les grands jours d'Auvergne en 1665, annotés et augmentés d'un appendice par Chéruel, et précédés d'une notice par Sainte-Beuve. *Paris*, 1856; in-8, 1 pl., d.-rel. v. bl.

313. Mémoires du président Hénault, écrits par lui-même, recueillis et mis en ordre par le baron de Vigan. *Paris*, 1855; in-8, d.-rel. v. f.

314. Mémoires inédits de L.-H. de Loménie, comte de Brienne, secrétaire d'État sous Louis XIV, publ. par Barrière. *Paris*, 1828; 2 vol. in-8, d.-rel. v. v.

315. Mémoire pour servir à l'histoire de la société polie en France, par P. L. Rœderer. *Paris*, 1835; in-8, d.-rel. v. f. (*Bauzonnet-Trautz.*)

316. Mémoires complets et authentiques du duc de Saint-Simon sur le siècle de Louis XIV et la Régence. *Paris, Sautelet*, 1829-30; 21 vol. in-8, d.-rel. v. ant.

317. Les Français sous Louis XIV et Louis XV. Texte par Audebrand, Roger de Beauvoir, E. Deschamps, P. Lacroix, etc; vignettes par T. Johannot, Gavarni, Jacques, etc. *Paris, Challamel*, 1842; gr. in-8, fig. col., br.

318. Mémoires posthumes, lettres et pièces authentiques touchant la vie et la mort de C. F., duc de Rivière. *Paris, Ladvocat*, 1829; in-8, d.-rel. v. ant.

319. Souvenirs de la marquise de Créquy (1710 à 1802). *Paris, Fournier*, 1835; 7 vol. in-8, d.-rel. mar. bl.

320. Mémoires de l'abbé Morellet sur le XVIIIe siècle et sur la Révolution, précédés de l'éloge de Morellet par Lémontey. *Paris*, 1821; 2 vol. in-8, v. rac. fil.

321. Mémoires du comte Alexandre de Tilly, pour servir à l'histoire des mœurs de la fin du XVIIIe siècle. *Paris*, 1828; 3 vol. in-8, d.-rel. v. br.

322. Mémoires secrets de 1770 à 1830, par le comte d'Allonville. *Paris*, 1845; 6 vol. in-8 br.

323. Mémoires et mélanges historiques et littéraires, par le prince de Ligne. *Paris, A. Dupont*, 1827-29; 5 vol. in 8, portr. et fac-simile, d.-rel. v. f. (*Bauzonnet-Trautz.*)

324. Mémoires, ou souvenirs et anecdotes, par le comte de Ségur. *Paris*, 1826; 3 vol. in-8, portr., d.-rel. v. bl. (*Bibolet.*)

325. Tableaux historiques de la Révolution française, contenant 160 sujets gravés à l'eau-forte et 65 portraits, avec un texte abrégé (par Miger). *Paris*, 1817; 2 vol in-fol., d.-rel. mar. v., dos et c., n. rog.

326. Histoire de la Révolution française, par A. Thiers. 3e édition. *Paris*, 1832 ; 10 vol. in-8, d.-rel. v. br. (*Bauzonnet.*)

327. La Légion d'honneur, son institution, sa splendeur, ses curiosités; par Al. Mazas. *Paris, Dentu*, 1854 ; in-8, broch.

328. Histoire de Napoléon et de la grande armée pendant l'année 1812, par le comte de Ségur. *Paris*, 1825; 2 vol. in-8, d.-rel. v. viol. — Les Cent Jours, par Fleury de Chaboulon. *Londres*, 1820; 2 vol. in-8, cart. n. rog. — Le duc de Reichstadt, par de Montbel. *Paris*, 1832; in-8, d.-rel. bas.

329. Mémoires sur Napoléon, l'impératrice Marie-Louise et la cour des Tuileries, etc., par Mme Vve du général Durand. *Paris, Ladvocat*, 1828 ; in-8, d.-rel. v. ant. — Mémoires sur la cour de Louis-Napoléon et sur la Hollande. *Ibid.*, 1828 ; in-8, d.-rel. v. ant.

330. Mémoires sur l'impératrice Joséphine, ses contemporains, la cour de Navarre et de la Malmaison (par Mme Ducrest). *Paris, Ladvocat*, 1828; 3 vol. in-8, d.-rel. v. ant.

331. La reine Hortense en Italie, en France et en Angleterre, pendant l'année 1831. Fragments extraits de ses Mémoires inédits écrits par elle-même. *Paris*, 1834 ; in-8, d.-rel. v. v. (*Bauzonnet-Trautz.*)

332. Correspondance inédite de Mme Campan avec la reine Hortense, publiée avec notes et introduction, par Buchon. *Paris*, 1835 ; 2 vol. in-8, d.-rel. v. v. (*Bauzonnet-Trautz.*)

333. Paris, Saint-Cloud et les départements, ou Bonaparte et sa cour, ... par un chambellan forcé à l'être. *Paris*, 1820; 3 vol. in-8, d.-rel. v. br.

334. La Vendée et Madame, par le général Dermoncourt. *Paris*, 1834 ; in-8, d.-rel. v. f. (*Bauzonnet.*)

335. Mémoires inédits de Mme de Genlis sur le XVIIIe siècle et la Révolution française. *Paris, Ladvocat*, 1825 ; 10 vol. in-8, d.-rel. bas.

336. Mémoires de Mme la duchesse d'Abrantès. *Paris, Ladvocat*, 1831-35 ; 18 vol. in-8, d.-rel. v. f. (*Bauzonnet*).

337. Mémoires de Bourrienne sur Napoléon, le Directoire, le Consulat, l'Empire et la Restauration. *Paris, Ladvocat*, 1829; 10 vol. in-8, d.-rel. v. viol.

338. Mémoires, correspondance et manuscrits du général Lafayette. *Paris*, 1837; 6 vol. in-8, d.-rel. v. br.

339. Congrès de Vérone. Guerre d'Espagne; négociations. Colonies espagnoles, par Chateaubriand. *Paris, Delloye*, 1838; 2 vol. in-8, d.-rel. bas.

340. La France et les Français en 1817, tableau moral et politique, précédé d'un coup d'œil sur la Révolution, par C.-L. Le Sur. *Paris*, 1817; in-8, d.-rel. bas.

341. Correspondance et écrits politiques de Louis XVIII. *Paris, Rapilly*, 1824; in-12, v. ant. fil.

342. Mémoires d'une femme de qualité sur Louis XVIII, sa cour et son règne. *Paris*, 1829; 4 vol. in-8, d.-rel. v. viol.

343. Histoire des Français des divers États aux cinq derniers siècles, par A. Alexis Monteil. *Paris*, 1828; 8 vol. in-8, d.-rel. v. f. (*Bauzonnet.*)

344. Plan de Paris, commencé en 1734 sous les ordres de Turgot, et achevé en 1739, levé et dessiné par Louis Bretez, gravé par Claude Lucas, et écrit par Aubin. *Paris*, 1740; gr. in-fol., en 21 feuilles, v. m. fil. tr. d. (*Armes de la ville de Paris.*)

Bel exemplaire.

345. Dictionnaire administratif et historique des rues et monuments de Paris, par F. et L. Lazare. *Paris*, 1855; in-4, d.-rel. v. f.

346. Paris, tableau moral et philosophique, par Fournier-Verneuil. *Paris*, 1826; in-8, d.-rel. v. viol.

347. Histoire de la ville et du château de Saint-Germain-en-Laye, suivie de recherches historiques sur les dix autres communes du canton. *Saint-Germain, Abel Goujon*, 1829; in-8, pl., d.-rel. v. f. (*Bauzonnet-Trautz.*)

348. Statistique de l'arrondissement de Mantes (Seine-et-Oise), par A. Cassan. *Mantes*, 1833; in-8, fig., d.-rel. v. f. (*Bauzonnet-Trautz.*)

349. Histoire de Normandie, par Orderic Vital, publ. pour la première fois en français, par Guizot. *Caen*, 1826; 4 vol. in-8, d.-rel. v. bl. (*Bibolet.*)

350. Histoire des ducs de Normandie, par Guillaume de Jumiège, publ. pour la première fois en français, par Guizot, et suivie de la vie de Guillaume le Conquérant, par Guillaume de Poitiers. *Caen*, 1826; in-8, d.-rel. v. bl. (*Bibolet.*)

351. Les recherches et antiquitez de la province de Neustrie, à présent duché de Normandie, comme des villes remarquables d'icelles, mais plus spécialement de la ville et université de Caen, par Ch. de Bourgueville. *Caen, de l'imprimerie de Jean Le Feure*, 1858; petit in-4, v. br. fil. compart.

Il a paru trois éditions de cet ouvrage sous cette date. Celle-ci est la seconde.

352. Antiquités anglo-normandes de Ducarel, trad. de l'anglais par A.-L. Léchaudé d'Anizy. *Caen*, 1823-24; gr. in-8 tiré in-4 sur pap. vél., avec fig. sur pap. de Chine, d.-rel. dos et c., mar. grenat, n. rog.

La dernière partie du volume contient : *Origine de la tapisserie de Bayeux, prouvée par elle-même, par Delauney.*

353. Notice sur l'incendie de la cathédrale de Rouen, occasionné par la foudre, le 15 septembre 1822, et sur l'histoire monumentale de cette église, par Langlois. *Rouen*, 1823; in-8, fig., d.-rel. v. bl.

354. Gallia Christiana in provincias ecclesiasticas distributa; tom. XI : De provincia Rotomagensi. *Parisiis, e typ. regia*, 1759; in-fol., cart. n. rog.

355. La Saône et ses bords. Album dessiné par Fousscreau et Marville, publié par Alex. Mure de Pelanne. *Paris, s. d.*, gr. in 8, br.

356. Histoire et description de la ville de Nîmes, par D. Nisard. *Paris, Desenne*, 1835; gr. in-8 grav., cart. n. rog.

357. Histoire de la ville de Toulouse, depuis la conquête des Romains jusqu'à nos jours, par J.-B.-A. d'Aldéguier. *Toulouse*, 1833-35; 4 vol. in-8, d.-rel. v. br. (*Bauzonnet.*)

358. Statistique générale des départements pyrénéens, ou des provinces de Guienne et de Languedoc, par Al. Du Miège. *Paris*, 1828; 2 vol. in-8, d. rel. v. v. (*Bauzonnet.*)

359. Dictionnaire historique, littéraire et statistique des départements du Mont-Blanc et du Léman, contenant l'histoire ancienne et moderne de la Savoie, par J.-L. Grillet. *Chambéry*, 1807; 3 vol. in-8, d.-rel. v. f. fil.

Bel exemplaire.

PAYS ÉTRANGERS.

360. Histoire de la nation suisse, par H. Zschokke, trad. de l'allemand par Ch. Monnard. *Aarau*, 1823; in-8, d.-rel. v. ant.

361. Descrizione delle piture del campo santo di Pisa, coll' indicazione dei monumenti sui raccolti, (di G. Rosini). *Pisa*, 1816; petit in-8, fig., v. f. fil. tr. dor. (*Bibolet.*) — Les curiosités de Rome et de ses environs, par G. Robello. *Paris*, 1854; in-12, pl., d.-rel. mar. viol.

362. Révolutions de Portugal, par l'abbé de Vertot. *Paris*, 1750; in-12, v. f. fil. tr. dor. (*Anc. rel.*)

Armoiries de Brochant du Breuil sur le dos.

363. Histoire des républiques italiennes du moyen âge, par Simonde de Sismondi. *Paris*, *Furne*, 1840; 10 vol. in-8, fig., v. f. fil.

Très-bel exemplaire.

364. Histoire de la république de Venise, par P. Daru. 3e édit. *Paris*, *Didot*, 1826; 8 vol. in-12, avec cartes, d.-rel. v. r. (*Bauzonnet.*)

365. Histoire de la régénération de la Grèce, comprenant le récit des événements depuis 1740 jusqu'en 1824, par Pouqueville. *Paris*, *F. Didot*, 1825; 4 vol. in-8, fig. et cart., d.-rel. v. bl. (*Bibolet.*)

366. Recherches historiques sur la principauté française de Morée et ses hautes baronies, par Buchon (1re et 2e époques). *Paris*, 1845; 4 vol. gr. in-8, br.

367. Descrittione di M. Lodovico Guicciardini, di tutti i Paesi Bassi, altrimenti detti Germania inferiore. *In Anversa, appresso Chr. Plantino*, 1581; in-fol., avec fig. color., bas.

Volume peu commun. Malheureusement, plusieurs endroits ont souffert du coloris, et sont raccommodés. De plus, les pages 525 à 528 sont mss.

368. Mœurs, usages, costumes des Othomans, et abrégé de leur histoire, par L. Castellan. *Paris, Nepveu*, 1812; 6 vol. in-18, fig. color., v. f. fil., tr. dor.

369. Lascaris, ou les Grecs au XVe siècle; suivi d'un essai historique sur l'état des Grecs depuis la conquête musulmane jusqu'à nos jours, par Villemain, *Paris, Ladvocat*, 1826; 2 vol. in-18; dos de vél. v.—Lettres sur la Turquie, par Ubicini. *Paris*, 1853; 2 vol. in-12, d.-rel., v. f.

370. A History of England from the first invasion of the Romans, by J. Lingard. *Paris, Baudry*, 1826-31; 14 vol. in-8, d.-rel. v. f. (*Bibolet.*)

371. Histoire de la conquête de l'Angleterre par les Normands, par Aug. Thierry. *Paris*, 1826; 4 vol. in-8, v. f. fil.

Manque l'atlas.

372. Relation historique des affaires de Syrie, depuis 1840 jusqu'en 1842, etc., par Ach. Laurent. *Paris*, 1846; 2 vol. in-8, d.-rel. v. ant.

373. Monuments anciens et modernes de l'Hindoustan, décrits sous le double rapport archéologique et pittoresque, etc., par L. Langlès. *Paris, P. Didot l'aîné*, 1821; 2 vol. tr. gr. in-4, fig. et cartes, d.-rel. mar. r. dos et c., fil., n. rog. (*Bibolet.*)

374. La Chine en miniature, ou choix de costumes, arts et métiers de cet empire, avec notes par Breton. *Paris, Nepveu*, 1811; 6 vol. in-18, fig. col., v. f. fil. tr. dor.

375. Histoire de la Louisiane, par Barbé-Marbois. *Paris, F. Didot*, 1829; in-8, avec 1 carte col., d.-rel. v. br. (*Bauzonnet-Trautz.*)

376. Lettres sur l'Amérique du Nord, par Mich. Chevalier. *Paris, Gosselin*, 1837; 2 vol. in-8, avec 1 carte, d.-rel. mar. r.

ARCHÉOLOGIE.

377. L'antiquité expliquée (en français et en latin) et représentée en figures, par Bern. de Montfaucon. *Paris*, 1722; 10 vol. — Supplément, 1724; 5 vol. — Les 15 vol. in-fol., fig., v. m.

378. La science des médailles (par Jobert). *Paris*, 1739; 2 vol. in-12, fig., v. m.

379. Traité historique des monnoyes de France, par Le Blanc. *Paris*, 1690; in-4, fig., v. f.

Ouvrage rare, auquel on a joint le supplément, qui manque à beaucoup d'exemplaires : *Dissertation histor. sur quelques monnaies de Charlemagne, de Louis le Débonnaire, etc., frappées dans Rome. Paris*, 1689.

HISTOIRE LITTÉRAIRE.

380. Manuel du libraire et de l'amateur de livres, par J.-C. Brunet. 4e édit. *Paris*, 1842; 5 vol. gr. in-8, v. f. fil. (*Kœhler.*)

Bel exemplaire.

381. Dictionnaire des ouvrages anonymes et pseudonymes, par Barbier. 2e édit. *Paris*, 1822; 4 vol. in-8, d.-rel. v. f. (*Bauzonnet.*)

382. Dictionnaire raisonné de bibliologie, par G. Peignot. *Paris*, 1802; 3 vol. in-8, bas. rac.

383. Index librorum prohibitorum sanct. Domini nostri Pie VII pont. max. jussu editus. *Romæ*, 1819; in-8, d.-rel. v. ant.

384. Plan d'une bibliothèque universelle; études des livres qui peuvent servir à l'histoire littéraire et philosophique du genre humain, etc., par L. Aimé Martin. *Paris*, 1837; in-8, d.-rel. v. v. (*Bauzonnet.*)

385. Catalogue des livres de la bibliothèque de A.-M.-H. Boulard. *Paris*, 1828; 5 vol. in-8, d.-rel. v. ant. — Catalogue Taylor. *Paris*, *Techener*, 1848; in-8, d.-rel. v. br. — Catalogue de la bibliothèque de M. R. (Du Roure). *Paris*, *Jannet*, 1848; in-8, d.-rel. v. br.

386. Catalogue de la bibliothèque de M. L*** (Libri). *Paris*, 1847; in-8, d.-rel. mar. bl.

387. Bibliothèque historique de la France..., avec des notes..., par J. Lelong. Nouv. édit., revue par Fevret de Fontenette. *Paris*, 1768; 5 vol. in-fol., v. m. fil. (*Aux armes de France.*)

388. Voyage bibliographique, archéologique et pittoresque en France, par Dibdin; trad. de l'anglais, avec des notes, par Th. Licquet. *Caen*, 1825; 4 vol. in-8, d.-rel. v. v. (*Bibolet.*)

389. Essai historique sur la bibliothèque du roi (par Le Prince). *Paris, Belin*, 1782; in-12, mar. bl. fil., tr. dor.

Bel exemplaire relié par Bauzonnet.

---

390. Nouveau Dictionnaire des origines, inventions et découvertes dans les arts, les sciences, la géographie, etc., par Fr. Noël et Carpentier. *Paris*, 1840; 4 vol. in-8, d.-rel. v. br.

---

391. Biographie universelle, ancienne et moderne. *Paris, Michaud*, 1811-1857; 84 vol. in-8, d.-rel. v. ant.

Exemplaire en belle condition. — Les tomes LXXIII à LXXXIV sont brochés.

392. Biographie portative universelle, par L. Leblanc, L. Renier, Th. Bernard, etc. *Paris, Dubochet*, 1844; in-12, cart. n. rog.

393. Entretiens sur les vies et sur les ouvrages des plus excellens peintres anciens et modernes, avec la vie des architectes, par Félibien. *Trévoux*, 1725; 6 vol. in-12, fig., v. m.

394. OEuvres complètes de Brantôme. *Paris, Foucault*, 1822-23; 6 vol. in-8, d.-rel. v. ant.

395. Histoire de Fénelon, par le card. de Bausset. *Versailles, Lebel*, 1817; 4 vol. in-8, portr., v. gr., fil.

396. Histoire de Bossuet, composée sur les manuscrits originaux, par de Bausset. *Versailles, Lebel*, 1814; 4 vol. in-8, portr., v. rac. fil.

397. Histoire de la vie et des ouvrages de La Fontaine, par Walckenaer. *Paris, Nepveu*, 1820; in-8, portr., v. m., fil.

398. Biographie des Malouins célèbres nés depuis le XVe siècle jusqu'à nos jours; précédée d'une notice historique sur la ville de Saint-Malo, depuis son origine, par Manet. *Saint-Malo*, 1824; in-8, d.-rel. v. br. — Vie de Mgr de Beauvais, ancien évêque de Sénez, par l'abbé de Sambucy. *Paris*, 1842; in-12, portr. d.-rel. v. f.

399. Mémoires sur la vie et le siècle de Salvator Rosa, par lady Morgan; trad. de l'anglais. *Paris*, 1824; 2 vol. in-12, portr., d.-rel. v. br. (*Bauzonnet.*)

400. Vita di V. Alfieri scritta da esso. *Milano*, 1823; in-8, portr., v. v. fil., dent., tr. d. (*Bibolet.*)

401. Histoire du pape Pie VII, par Artaud. *Paris*, 1836; 2 vol. in-8, portr., d.-rel. v. bl. (*Bauzonnet.*)

402. Vita di Benvenuto Cellini, da lui medesimo scritta. *Milano*, 1824; in-12, portr., d.-rel. v. bl.

403. Mémoires de Gœthe, trad., et précédés d'une introduction, par H. Richelot. *Paris*, 1844; in-12, br.

---

404. Histoire de l'Université de Paris, par E. Dubarle. *Paris, F. Didot*, 1844; 2 vol. in-8, br.

405. Recueil des discours, rapports et pièces diverses lus dans les séances publiques et particulières de l'Académie française, de 1803-49. *Paris*; 6 vol. in-4, br.

406. Mémoires de l'Académie royale des sciences, arts et belles-lettres de Caen. *Caen*, 1825; in-8, d.-rel. v. f. — Mémoires de la Société des antiquaires de Normandie. 1re année, 1824. *Caen*, 1825; 2 vol. in-8, d.-rel., v. bl., et atlas in-4, obl., br.

407. Histoire et mémoires de l'Académie royale des sciences, inscriptions et belles-lettres de Toulouse. *Toulouse*, 1827-34; 3 tom. en 6 vol. in-8, br.

JOURNAUX.

408. Revue britannique, dirigée par Saulnier et Am. Pichot (depuis l'origine). *Paris.* 1re série, 1825-30, 3 vol.; — 2e série, 1831-32, 12 vol.; — 3e série, 1833-35, 18 vol., plus la table des ann. 1825-35; — 4e série, 1836-40, 30 vol.; — 5e série, 1841-45, 30 vol.; — 6e série, tom. I à XV (1846 à juin 1848). — En tout, 136 vol. — Les années 1825-46, et la table, 127 tom. en 69 vol. in-8, dem. v. ant. (*Relié par Bauzonnet.*)

Les tomes VII à XV de la sixième série (1847-48) sont en livraisons.

409. Le Magasin universel. Tom. I à VII (1834-40), 7 vol. gr. in-8, fig., cart. en toile.

410. Le Magasin pittoresque (depuis l'origine), 1833-57, plus la table, 1833-52. En tout, 26 vol. in-fol., cart. en toile.

411. Musée des familles, lectures du soir, de 1833-39, 1841-52, 1855-57, et table, de 1834-53. En tout, 23 vol. gr. in-8, fig., cart. et d.-rel.

412. L'Illustration (depuis l'origine), mars 1843 à fin déc. 1857. *Paris,* 30 vol. in-fol., d.-rel. mar. viol.

413. Le Monde illustré, in-fol. d.-mar. v.

414. Revue et Gazette musicale, 1827-58; in-8, in-4 et gr. in-4.

La collection est ainsi divisée :

Revue musicale publ. par Fétis, 1827-39, 6 vol. in-8°, d.-rel. v. ant. — Id., 2e série, 1830, 4 tom. en 2 vol. grand in-8, d.-rel. v. ant.; — Id., 1831-35, années 5 à 9, 5 vol. in-4, d.-rel. v. ant. — *Gazette musicale*, 1836-58, 3e à 25e années, 23 vol. in-4 et grand in-4; les ann. 1836-57 en d.-rel. v. ant.; 1858 en numéros.

415. Cours familier de littérature, par Lamartine; nos 1 à 48, gr. in-8.

Les numéros 42 et 43 manquent.

416. L'Univers, du 20 sept. 1854 au 31 déc. 1858. 5 vol. gr. in-fol., d.-rel. bas.

417. La Mode, journal des dames et des modes, de 1829-46. 37 vol. gr. in-8, fig. col., cart. en toile (*ne se suivant pas régulièrement*). — De plus : Caricatures de la mode, 1840-46; 6 vol. in-4, et in-4 obl., d.-rel. v. br.

418. Le Moniteur de la mode, de 1843-58 ; in-4, une partie rel. en d.-chagr. (19 vol.) ; le reste en numéros plus ou moins complets.

RENOU et MAULDE, Imprimeurs de la Compagnie des Commissaires-Priseurs, 144, rue de Rivoli. 9081

RENOU ET MAULDE
IMP. DE LA COMPAGNIE DES C^res.-PRISEURS
rue de Rivoli, 144.

www.ingramcontent.com/pod-product-compliance
Ingram Content Group UK Ltd.
Pitfield, Milton Keynes, MK11 3LW, UK
UKHW022141170726
13837UKWH00004B/1695